Josh McDowell com o Dr. Ralph Woodworth

Por que esperar pelo Amor Verdadeiro?

Josh McDowell com o Dr. Ralph Woodworth

Por que Esperar pelo Amor Verdadeiro?

Traduzido por
Degmar Ribas

2ª Impressão

CPAD

Rio de Janeiro
2013

Título do original em inglês: *Why Wait? ... on true love?*
Gospel Publishing Mission, Hobe Sound, FL EUA
Primeira edição em inglês: 2009
Tradução: Degmar Ribas

Preparação dos originais: Cristiane Alves
Revisão: Verônica Araujo
Capa: Alexander Diniz
Editoração e projeto gráfico: Oséas F. Maciel

CDD: 248.83 - Adolescentes
ISBN: 85-263-0361-9

As citações bíblicas foram extraídas da versão Almeida Revista e Corrigida, edição de 1995, da Sociedade Bíblica do Brasil, salvo indicação em contrário.

Para maiores informações sobre livros, revistas, periódicos e os últimos lançamentos da CPAD, visite nosso site: http://www.cpad.com.br.

SAC — Serviço de Atendimento ao Cliente: 0800-021-7373

Casa Publicadora das Assembleias de Deus
Av. Brasil, 34.401, Bangu, Rio de Janeiro – RJ
CEP 21.852-002

2ª impressão Abril 2013 - Tiragem: 2.000

Índice

Capítulo
1

Por que o Verdadeiro Amor Espera?

Todos gostam de Derek, em especial as garotas. Derek teve muitas namoradas antes de conhecer Michelle. Agora, ela é a sua única namorada. Eles parecem estar juntos todo o tempo. O que é incomum em Derek é o fato de que ele tem 20 anos de idade, e ainda é virgem. Isto é, ele nunca teve relações sexuais. Sendo um cristão, ele sabe que o sexo antes do casamento é errado. Michelle também é cristã e Derek tem certeza de que se casará com ela um dia.

Há pouco tempo, Derek estava testemunhando a seu amigo Colin, que lhe fez uma pergunta: "Se me tornar cristão, terei que deixar de ter relações sexuais com minha namorada?" Eles conversaram sobre isso durante muito tempo. Colin explicou a Derek que ele e a sua namorada sentiam que as relações sexuais eram um bom acréscimo ao seu relacionamento. Ela tomava um remédio para controle da natalidade, de modo que não havia perigo de engravidar.

A pergunta de Colin perturbou Derek. Ele começou a se perguntar por que ele e Michelle deveriam esperar o casamento. Ele se perguntou se os ensinamentos da Bíblia a respeito do sexo eram válidos somente para aqueles dias, há tanto tempo. Talvez esses ensinamentos não sejam válidos para nós, na nossa época, pensou Derek.

Derek decidiu, finalmente, que Deus sabe tudo sobre nós e tem os nossos melhores interesses em mente. "Decidi que simplesmente tenho que esperar por Deus, mesmo que não entenda as suas razões", disse ele.

Annie é outra jovem cristã que ainda é virgem. Embora ela tenha 17 anos de idade e seja muito bonita, ela não teve muitos namorados. Ela sabe que Deus a chamou para ser missionária e não deseja namorar um rapaz que não seja um cristão sério. Ela sempre esteve disposta a esperar pelo homem que Deus escolhesse. Há alguns meses, Jeff, um jovem soldado de boa aparência, começou a frequentar a loja onde Annie trabalha, depois da escola. Ele a convidou várias vezes para sair, mas ela sempre recusou.

Annie havia testemunhado a Jeff várias vezes, mas ainda se surpreendeu quando ele lhe contou, um dia, que havia aceitado a Cristo. Depois disso, ele começou a frequentar a igreja de Annie. Parecia que ele nunca se cansava da igreja e do estudo da Bíblia. Quando ele a convidou novamente para sair, ela sentiu que não poderia recusar. Na verdade, ela não queria recusar. Jeff estava se tornando o tipo de homem que ela havia pedido que Deus lhe enviasse.

Logo, Annie percebeu que estava profundamente apaixonada pelo jovem soldado. Então Jeff começou a pedir a ela que demonstrasse o seu amor, tendo relações sexuais. Ela sabia que era errado, mas não sabia como explicar isso a ele. Ela pediu ajuda à esposa do pastor. "Eu nunca questionei as orientações de Deus sobre o sexo, até agora", disse Annie. "Eu nunca me senti verdadeiramente tentada antes. Mas agora — bem, Jeff é muito diferente de todos os outros rapazes que conheci. Por que Deus diz que devemos esperar até o casamento, quando estamos tão profundamente apaixonados, como Jeff e eu estamos?"

Como Derek e Annie, muitos jovens cristãos se perguntam por que Deus diz que devemos esperar até o casamento para ter relações sexuais. Todos os seus amigos parecem ser sexualmente ativos. Isso é verdade, até mesmo com respeito a alguns de seus amigos cristãos. A sociedade parece esperar que os jovens não casados sejam sexualmente ativos. Ela até mesmo os incentiva a isso.

Afinal, argumentam as pessoas, a Bíblia é um livro muito antigo. Muitas coisas mudaram desde que a Bíblia foi escrita, dizem elas. Nós não precisamos mais seguir os ensinamentos da Bíblia em todos os aspectos, dizem elas. O sexo é apenas uma maneira de demonstrar amor.

Esses são os dois principais problemas dos jovens cristãos: a idade da Bíblia e o significado do verdadeiro amor.

A Bíblia é um livro muito antigo, porém não é mais antigo que o problema do pecado sexual. As razões para as regras que Deus nos deu na Bíblia ainda são adequadas para as condições de hoje. Deus não fez essas regras sobre o sexo por causa da maneira como as pessoas viviam naqueles dias, nem pelo tipo de trabalho que elas faziam. Ele fez essas regras porque os homens são homens e as mulheres são mulheres. Deus fez com que os homens fossem atraídos pelas mulheres e as mulheres, pelos homens. Isso não mudou.

O que precisamos entender é a razão por que Deus fez as regras sobre o sexo. Deus nos ama. Como Ele nos ama, Ele deseja nos proteger das coisas ruins que acontecem se usarmos o sexo da maneira errada. Esse uso errado do sexo pode levar à culpa, dor e bebês indesejados. Pode levar a doenças e até mesmo à morte.

Deus também desejou nos proporcionar o melhor uso e aproveitamento do sexo. Ele sabe que o sexo mais prazeroso é entre um homem e uma mulher, dentro de um relacionamento matrimonial fiel. Ele nunca faz regras para nos impedir de nos divertir. O caminho de Deus é um caminho satisfatório e feliz!

Muitos jovens cristãos aceitam alguns limites para a atividade sexual. Eles concordam que ter relações sexuais com várias pessoas diferentes é claramente errado. Eles concordam que os casais que não são casados não deveriam ter bebês, nem fazer abortos. Eles concordam que nós não devemos correr o risco de ser contaminados com uma doença grave pelo uso incorreto do sexo.

A pergunta para eles é, por que é errado que duas pessoas que estão profundamente apaixonadas demonstrem esse amor, tendo relações sexuais? O verdadeiro amor torna o sexo correto? Eu choco muitos pais quando digo que concordo que o verdadeiro amor torna o sexo correto. O problema é que muitos jovens não têm um entendimento correto do verdadeiro amor.

O que Deus entende como verdadeiro amor? A Bíblia nos diz o que o verdadeiro amor faz, e o que ele não faz:

> O amor é paciente, é benigno; o amor não arde em ciúmes; não se ufana, não se ensoberbece, não se conduz inconvenientemente, não procura os seus interesses, não se exaspera, não se ressente do mal; não se alegra com a injustiça, mas regozija-se com a verdade (1 Co 13.4-6, ARA).

Outras passagens das Escrituras, como Romanos 13.10, Mateus 7.12 e Filipenses 2.4 também mostram o que a Bíblia quer dizer com verdadeiro amor. O verdadeiro amor é considerar a felicidade e o bem da outra pessoa tão importantes quanto a sua própria felicidade e o seu bem. O verdadeiro amor é amar os outros como Deus nos ama. Qualquer pessoa que use o amor como uma desculpa para o sexo fora do casamento não está falando de amor verdadeiro.

Fatos Perturbadores

Mais de um adolescente em cada dez, nos Estados Unidos, já teve relação sexual antes de chegar aos quatorze anos. Quando completam 18 anos, mais de seis adolescentes, em cada dez, fizeram sexo, pelo menos uma vez. Aproximadamente duas dessas pessoas tiveram sua primeira relação sexual com alguém que não conheciam, ou que haviam acabado de conhecer. Cinquenta por cento delas tiveram relação sexual com mais de uma pessoa.[1] Muitos jovens são sexualmente ativos durante aproximadamente oito anos antes de se casarem.[2]

Entre 1971 e 1988, o número de mulheres entre 15 e 19 anos, que haviam tido relações sexuais pelo menos uma vez aumentou em 66%.[3] Mais de três, a cada quatro situações de gravidez entre mulheres nessa faixa etária, aconteceram fora do casamento. Três de cada dez dessas situações de gravidez acabaram em aborto.[4]

Há Boas-Novas

Em 1995 um estudo descobriu que 50% das mulheres entre 15 e 19 anos haviam tido relações sexuais.[5] Isso representava um decréscimo de 53% em relação a 1988. O número de mulheres não casadas que tiveram relações sexuais diminuiu de 60% para

55, no mesmo período.[6] Isso não é uma porcentagem muito mais baixa, todavia é mais baixa. Foi a primeira vez, em muitos anos, que a porcentagem havia diminuído.

Outro estudo descobriu que 44% dos adolescentes haviam decidido postergar as relações sexuais.[7] Como resultado, houve um número menor de situação de gravidez entre os adolescentes, e um número menor de abortos. Os adolescentes estão aprendendo que é possível controlar os desejos sexuais.[8]

Um estudo recente descobriu que metade dos adolescentes entrevistados disseram que o sexo antes do casamento é sempre errado.[9] Cada vez mais adolescentes estão dizendo que ser virgem é algo bom.[10] Esses resultados mostram que os adolescentes estão começando a rejeitar as ideias de amor livre, que foram tão comuns no passado recente.

Por que os Jovens Estão Decidindo Postergar o Sexo?

Um grupo de homens e mulheres de 18 e 19 anos foi entrevistado com respeito ao motivo pelo qual haviam decidido adiar as relações sexuais. Eles têm muitas razões. Metade deles disse que tinham medo de ter um bebê. Dois, em cada dez, disseram que estavam esperando até o casamento por motivos religiosos. Dois, em cada dez disseram, que era muito cedo para ter sexo em seu relacionamento. Aproximadamente quatro, em cada dez, principalmente homens, disseram que sua namorada não queria ter relações sexuais.[11]

Os que se sentiam mais confortáveis com o fato de ainda serem virgens eram aqueles que esperavam por razões religiosas. Eles admitiram que sentiam desejos sexuais normais, mas estavam determinados a controlar esses desejos.

Muitas outras razões são apresentadas para explicar por que os jovens e adolescentes estão adiando as relações sexuais. Uma das mais frequentes é o medo de sofrer com uma doença grave. Há boas razões para esse medo. Embora o sexo entre jovens e adolescentes seja cada vez menos frequente, as doenças sexualmente transmissíveis (DSTs) estão aumentando.[12]

Corações Partidos, Esperanças Despedaçadas

Recebo cartas de muitos jovens e adolescentes que não esperaram. Aqui estão algumas delas.

O sexo me deu o medo de presente e a vergonha para usar como uma coberta. Ele me roubou a paz de espírito e tirou a minha esperança de um futuro brilhante. Ele destruiu a minha capacidade de prestar atenção na sala de aula. Ele tirou qualquer interesse que eu tinha na igreja. Ele me roubou a minha fé em Cristo. Ele destruiu a minha confiança nas pessoas. O sexo criou uma ferida terrível em meu coração, que mesmo agora, sete anos mais tarde, ainda não foi curada.

* * * * *

Você pode me ajudar? Tenho 13 anos, e acabo de arruinar a minha vida. Pensei que Mike realmente me amasse. Ele dizia que me amava. Na noite passada, nós fizemos sexo pela primeira vez, e esta manhã ele disse à minha amiga que não quer mais me ver. Pensei que dar a Mike o que ele queria faria com que ele me amasse ainda mais. E se eu estiver grávida? Não posso contar para os meus pais. O que vai acontecer comigo? Sinto-me muito sozinha e não sei o que fazer.

* * * * *

A gravidez fora do casamento é assustadora e solitária.

* * * * *

Fiz sexo pela primeira vez quando era muito jovem. Ao fazer isso, destruí o casamento e a vida familiar de outra pessoa. Agora tenho uma DST que carregarei pelo resto de minha vida, e provavelmente nunca poderei ter filhos. Vivo com sentimentos de culpa. Finalmente, aprendi o quanto pode ser prejudicial o sexo fora do casamento.

* * * * *

> Eu o amo. Ele disse que me amava também. Mas depois que nós fizemos sexo, ele me chamou de todos os tipos de nomes feios e me deixou. Eu não entendo. Nós saímos durante meses antes de fazer sexo. Pensei que nós tínhamos alguma coisa especial. Agora, tenho este sentimento de que ninguém se importa comigo e que nunca conseguirei fazer nenhum homem feliz.

* * * * *

Esta garota contou a sua história como se estivesse falando de outra pessoa.

> Ela era muito jovem, mas não se sentia jovem. Quando ela completou 13 anos, ela se sentiu extremamente adulta e adorou a sensação. Ela era uma das melhores alunas na sua turma, sempre participava de todas as atividades após o horário da escola. Os seus pais eram pessoas boas, e a haviam ensinado a distinguir o certo do errado. Todos pensavam que ela era uma garota de bem, que nunca se envolveria em nenhum tipo de problema.
>
> Ele era mais velho e muito popular. Ele podia fazer qualquer coisa, em qualquer grupo ele era a única pessoa que todos observavam. Ele poderia ter qualquer garota da escola. Quando ele começou a desenvolver um interesse especial por aquela menina, ela mal pôde acreditar. Um dia, ele disse, "Eu amo você". Mas ela não acreditou nele. Ela somente gostava de ter pessoas que a observassem, porque ela estava com ele.
>
> Ele perguntou se poderia expressar o seu amor por ela. Ela disse que não estava pronta. Mais adiante, ele disse a ela que havia demonstrado o seu amor à outra garota. Ela não respondeu. Novamente, ele disse, "Eu amo você". Ela acreditou nele, mas não disse nada.

Ela gostava de ser a namorada dele. Muitas pessoas queriam conversar com ela, porque ela estava com ele. Ela nunca havia tido tantos amigos. Outros rapazes começaram a conversar com ela, mas ela era leal a ele, porque ele a amava.

Novamente, ele lhe disse que havia demonstrado o seu amor à outra garota. Mas ele não amava aquela garota, foi o que ele disse. "Eu amo só você". Desta vez, ela olhou para o chão, e disse, suavemente, "Também amo você". Ele disse, "Então mostre o seu amor". Ela não queria fazer isso, mas tinha medo de perdê-lo para outra garota. Por isso, ela lhe mostrou o seu amor.

Depois de acabado, cla se sentiu suja. Ela não era mais inocente. Ela parou de sair com ele. Ele implorou que ela o aceitasse de volta. Ele disse, "Eu amo você". Mas ela o rejeitou. Alguns dias depois, ele estava apaixonado por outra garota. Ela se sentia muito envergonhada pelo que havia feito. Ela estava coberta pela culpa. Ela se sentia muito só.
Ela sabe que nunca poderá mudar o passado. Ela estragou a sua vida e esta nunca poderá ser reparada.
Ela era muito jovem. Finalmente, ela entendeu o quanto era jovem.

* * * * *

Aqui está uma carta que nos fornece o quadro, do ponto de vista do rapaz.

Se ao menos eu tivesse esperado. Agora vejo como a minha vida teria sido muito melhor. Vejo agora como a minha mente estaria livre desta lembrança que me incomoda, mesmo anos depois.

Se você quer saber como é, cole dois pedaços de papel. Depois que a cola secar, separe os papéis. É assim que ficam duas pessoas, depois de fazer sexo. Ambas ficam rasgadas, deixando uma parte de si mesmas com a outra pessoa.

Duas coisas aconteciam sempre do mesmo modo, cada vez que eu tinha uma namorada nova. Nós fazíamos sexo frequentemente e todas as vezes que acabávamos com a nossa "amizade", eu sofria terrivelmente. Essa dor ainda trago comigo.

A primeira vez em que isso aconteceu, eu tinha dezessete anos. Pensava que eu era sensacional, porque essa garota havia concordado em ter relações sexuais comigo. Então, ela começou a falar o quanto me amava. Ela começou a se apegar a mim, como se nunca fosse me abandonar. Foi quando comecei a pensar que provavelmente não era o primeiro para ela. Provavelmente ela tinha tido outros rapazes antes de mim, talvez muitos outros. Quem sabe, ela estava apenas me usando para satisfazer a sua própria necessidade de segurança.

Eu não podia ter uma opinião muito boa sobre alguém que se entrega tão facilmente como ela se entregou. Depois de quatro semanas de relações sexuais com ela, tão frequentemente quanto eu quisesse, me cansei dela. Eu a deixei, mas isso fez com que me sentisse ainda pior, porque pude perceber que ela estava sofrendo. Eu sabia que a sua vida familiar não era muito boa. Provavelmente ela não encontrava nenhuma satisfação nem segurança em sua casa.

Durante os meses seguintes, tive muitas namoradas diferentes. Mas nunca pensei sobre a garota com quem eu me casaria algum dia, ou o que eu diria a ela. Nunca pensei que ela pudesse dar importância ao fato de ser a primeira garota com quem eu tivesse estado.

Este homem poderia ter poupado a si mesmo e à sua futura esposa, de uma vida inteira de sofrimento, se alguém lhe tivesse dado uma boa razão para esperar.

Um rapaz falou comigo, depois de ouvir a minha palestra. "O que você disse realmente fez com que eu visse algumas coisas", disse ele. "Se eu pudesse ter apenas um desejo, queria ter 12 anos de novo, e ouvir essa mesma palestra. Fiz algumas escolhas más, e agora estou sentindo a dor dessas escolhas".

À Procura de Razões para Esperar

Muitos dos adolescentes que ouço, que dizem que não estão certos quanto ao sexo, são cristãos como Derek e Annie. Eles frequentam a igreja, leem suas Bíblias e oram. Eles compartilham a sua fé. Eles sabem que o sexo antes do casamento é errado, mas não sabem por que é errado. Aqui estão algumas de suas histórias.

> Ouvi, durante toda a minha vida, que o sexo antes do casamento era errado, mas ninguém nunca me disse o porquê. Quando eu estava em meu último ano no Ensino Médio, comecei a namorar um rapaz. Como nós passávamos algum tempo sozinhos, começamos a ter relações sexuais. Sentia-me culpada, amarga e suja. Eu dizia a ele: "Nós precisamos deixar de fazer sexo, ou pelo menos, diminuir a frequência". Nós tentamos diminuir, mas não funcionou.
>
> Depois de dois anos, finalmente eu disse, "Nada mais de sexo". Ele disse, "Adeus". Depois disso, sempre que namorava outro rapaz por qualquer período de tempo, nós sempre tínhamos relações sexuais. Depois de cada vez que fazia sexo, eu chorava, porque sabia que havia fracassado outra vez.
>
> * * * * *
>
> Eu tinha quase dezoito anos e ainda era virgem. Nunca havia desejado ter relações sexuais. Então me apaixonei por um homem atraente, muitos anos mais velho que eu. Às vezes, ele dizia que nunca havia namorado uma garota que dissesse "não" tantas vezes como eu. Finalmente, cedi, uma vez que não conseguia apresentar nenhuma boa razão para não fazer isso. Dizer "sim" era muito mais fácil que tentar explicar por que eu estava dizendo "não".

Os adolescentes precisam saber mais do que apenas a diferença entre o certo e o errado. Eles precisam saber por que o certo é certo, e o errado é errado. Eles precisam saber por que o sexo antes do casamento é errado. Além disso, eles querem saber. Um estudo perguntou aos alunos do sistema escolar de Atlanta, Geórgia, o que eles mais queriam em um programa de educação sexual. Muitos responderam que queriam saber "como dizer 'não' ao sexo antes do casamento".

O que está acontecendo com os adolescentes em geral é também o que está acontecendo com os adolescentes da igreja. Muitos adolescentes que crescem na igreja não entendem por que a Bíblia diz que eles devem esperar até o casamento para ter relações sexuais. Quando eles se sentem tentados a fazer sexo, não conseguem entender por que não devem fazê-lo.

Eles não entendem o ensinamento da Bíblia sobre o sexo. Eles não entendem como o sexo antes do casamento pode prejudicar a sua vida emocional. Eles não entendem como o sexo antes do casamento pode levar a tantos problemas de saúde. Eles somente sabem que os seus amigos estão fazendo sexo e eles não querem ser diferentes.

Neste livro, nós vamos ajudar os adolescentes a considerar o custo do sexo antes do casamento. Nós vamos explorar as muitas razões por que os jovens e adolescentes se tornam sexualmente ativos. Nós vamos explicar por que o verdadeiro amor espera para ter relações sexuais depois do casamento. Finalmente, vamos comentar maneiras para que os jovens e adolescentes digam "não" ao sexo antes do casamento.

Capítulo
2

Os Jovens e Adolescentes e o Sexo antes do Casamento

E se um rapaz viesse contar a seu pai sobre um jogo muito perigoso que ele e seus amigos estavam participando? O jogo poderia terminar em morte. Na verdade, o rapaz diz que um de seus amigos já morreu. O que você pensaria, se o pai apenas advertisse o seu filho para "ter cuidado?" O perigo é grande demais, para um simples aviso para ter cuidado. Um bom pai faria o máximo que pudesse para impedir que seu filho participasse de um jogo tão perigoso.

Mas os jovens e adolescentes que fazem sexo antes do casamento estão participando de um jogo igualmente perigoso. Pode parecer divertido para eles. Pode ser emocionante. Talvez eles não morram por isso, mas ficarão feridos, de algumas maneiras muito sérias.

Os jovens e adolescentes que fazem sexo antes do casamento terão que pagar um preço. Isso é garantido. O custo é alto demais, em culpa, dor, infelicidade e possível doença ou morte. Mas os jovens e adolescentes enfrentam uma tentação real e recebem grande pressão por parte de outros jovens e adolescentes. Isso faz com que eles se esqueçam do que o seu pecado lhes custará. É por isso que devemos responder às suas perguntas sobre o sexo. Nós devemos ajudá-los a entender as razões de Deus para esperar pelo sexo até que estejam casados.

Um problema muito grave com relação ao sexo antes do casamento é o fato de que, quando essa pessoa se casa, normalmente o casamento não dura muito tempo. Os jovens e adolescentes que esperam para fazer sexo têm uma chance maior de desfrutar um casamento duradouro e satisfatório do que os jovens e adolescentes que não esperam.

No restante deste capítulo, vamos estudar dois dos maiores custos do sexo antes do casamento. Esses custos são a possibilidade de uma doença, e a possibilidade de uma gravidez. Esses são dois dos maiores problemas do nosso mundo. Como resultado, o sexo fora do casamento se tornou um grave problema de saúde.

Muitos jovens e adolescentes sabem que o sexo antes do casamento pode causar doenças e uma gravidez indesejada. Mas isso não detém a maioria deles. Eles simplesmente não estão preocupados. E a sua preocupação não aumenta com a idade nem com a intensidade de atividade sexual que eles possam ter. Eles pagam um preço alto, no entanto, depois de acabada a diversão.

O Custo de Doenças e possivelmente a Morte

Um jovem casado que não é cristão veio me procurar. Ele me disse que devo continuar alertando às pessoas sobre sexo. Quando lhe perguntei por que, ele me contou a sua triste história:

> Quando era jovem, não me preocupava com a maneira como vivia. Fazia sexo com muitas mulheres. Então ouvi falar de herpes, uma doença que se contrai fazendo sexo. Eu sabia que nunca me livraria dela, se pegasse essa doença, mas não mudei o meu modo de vida.
>
> Então soube que havia um novo tipo de herpes. Você podia tê-la, sem nem mesmo saber disso, a menos que você tivesse um bebê. Então o bebê poderia nascer com sérios problemas de saúde. Nem mesmo então, modifiquei o meu modo de vida.
>
> Então veio a AIDS. Ela pode matar você! Isso realmente me fez pensar. Finalmente, decidi parar de ter relações sexuais com tantas mulheres. Decidi encontrar uma mulher de quem realmente gostasse, e me casar com ela e ter filhos. E foi isso o que eu fiz. Então, a minha esposa me contagiou com herpes.

A Rápida Transmissão das Doenças Causadas pelo Sexo

Um dos resultados mais perniciosos e permanentes do sexo antes do casamento é o contágio com uma DST. Há cerca de trinta DSTs que são transmitidas de uma pessoa a outra pela relação sexual. Mais de 15 milhões de pessoas na América são contagiadas com uma DST todos os anos. Uma em cada quatro dessas pessoas tem menos de 20 anos de idade. Sessenta e oito milhões de norte-americanos têm uma dessas doenças.[1] Cinquenta e oito milhões dessas pessoas têm uma DST que não há nenhum remédio que cure.[2]

Um aluno me escreveu:

> Se você tiver relações sexuais com muitas pessoas diferentes, você se expõe a vários tipos de doenças. Isso também é verdade, se você tiver relações sexuais com uma única pessoa, se essa pessoa já tiver tido relações sexuais com muitas pessoas diferentes. Essas doenças podem parecer apenas um pequeno problema, mas pode ser difícil ou impossível livrar-se delas. Ou elas podem matar você. Mas se você bobear, provavelmente será contagiado com alguma coisa.

Vamos examinar especialmente como essas DSTs estão afetando os nossos jovens e adolescentes. Praticamente a metade dos nossos adolescentes estão fazendo sexo, e entre um quarto e um terço deles têm uma DST. Como aqueles afetados por uma DST fazem sexo com pessoas que não têm, o número de infectados está crescendo. Os adolescentes são apenas cerca de 10% da população norte-americana, mas eles têm 25% dos casos de DST. Sessenta por cento dos norte-americanos que têm o vírus HIV foram contagiados antes de completar 20 anos de idade.

Estudos mostram que quanto mais jovem é a pessoa, quando começa a ter relações sexuais, mais pessoas diferentes terão relação sexual com ela com o passar do tempo. Mas ter relação sexual com muitas pessoas aumenta imensamente a possibilidade de uma DST. Isso faz com que seja alto demais o custo de ter relação sexual antes do casamento. Nós precisamos mostrar aos nossos adolescentes como o verdadeiro amor pode esperar.

As Mulheres Jovens São as que Correm Maior Perigo

Linda, 19 anos, não era casada. Ela foi ao médico por causa de uma dor na parte inferior de seu corpo. O médico encontrou um grande tumor, que fora causado por uma DST. Ele a operou para remover o tumor e reparar as partes de seu corpo que haviam sido prejudicadas. Ele a advertiu de que provavelmente nunca poderia ter filhos. Ela sempre havia sonhado com filhos, mas teve que abrir mão desse sonho. Foi um preço alto a pagar pelas suas experiências sexuais com muitos homens.[3]

Esta história me comoveu, porque tenho três filhas. Pense nas garotas da sua família, da sua igreja, ou da sua sala de aula. Muitas delas são doces, inocentes e cheias de vida. Como no caso de Linda, as emocionantes e gratificantes experiências da faculdade, do casamento e da maternidade estão ainda por vir. Mas essas jovens mulheres podem ter que pagar um preço particularmente alto pelo sexo antes do casamento.

As garotas não são tão sexualmente ativas quanto os rapazes, mas devido à constituição de seus corpos, as garotas correm mais riscos do que os rapazes de um contágio com uma DST. Nós devemos proteger essas garotas e essas jovens, ajudando-as a ver a importância de esperar para ter relações sexuais depois do casamento.

Aqui estão alguns fatos importantes sobre as adolescentes e as doenças sexuais:

- As mulheres são mais afetadas pelas doenças sexuais do que os homens porque os seus corpos são mais lentos em apresentar sinais da doença.[4] Isso faz com que elas demorem para obter tratamento médico.
- As porcentagens de câncer que pode resultar de uma DST estão crescendo entre as mulheres jovens.[5]

- Um estudo evidenciou que 38% de mulheres sexualmente ativas entre 13 e 21 anos de idade já têm uma doença sexual incurável conectada com certos tipos de câncer.[6]
- As mulheres que contraem uma doença sexual durante a gravidez podem ter o bebê antes que ele esteja completamente desenvolvido. Isso pode causar outros problemas de saúde. Acredita-se que 30 a 40% dos nascimentos muito prematuros e das mortes de bebês no parto são causados por doenças sexuais.[7]

Para o bem de nossas filhas e outras mulheres jovens, nós devemos ajudar todos os jovens a dizer "não" para a pressão sexual e o sexo antes do casamento.

Cegos para quão Terríveis São as DSTs

Muitos dos nossos jovens e adolescentes não parecem entender o terrível custo de sua atividade sexual. Isso é especialmente verdadeiro a respeito das nossas adolescentes. Com o "sexo seguro" sendo ensinado nas escolas públicas, teríamos a impressão de que os norte-americanos são especialmente bem educados sobre doenças sexuais. Mas isso não é verdade.

Em 1993 um estudo nacional perguntou a mil mulheres, entre 18 e 60 anos de idade, o que elas sabiam a respeito de DSTs.[8] Quase dois terços não sabiam nada, ou pouquíssimo, sobre as doenças sexuais, com exceção de HIV/AIDS. Somente 11% sabiam que as doenças sexuais podem ser mais nocivas para as mulheres do que para os homens.

Em outro estudo, apenas 11% dos adolescentes disseram que seus pais lhes haviam falado sobre as DSTs.[9] Mas 70% dos alunos do último ano do Ensino Médio eram sexualmente ativos, e 27% haviam tido relação sexual com quatro pessoas ou mais.

Um relatório diz, "Muitos professores trazem consigo uma crença dos anos 1960 e 1970, para a aula de educação sexual. Eles dizem que cada pessoa é livre para tomar as suas próprias decisões. Eles acrescentam que não devemos julgar as pessoas por seus atos sexuais. Eles dizem que os adolescentes devem decidir, por si mesmos, a respeito das atividades sexuais, com base em suas próprias ideias de certo ou errado."[10]

Como resultado, muitos norte-americanos sexualmente ativos decidiram que não há muito perigo em ser sexualmente ativo.[11] Por exemplo, 72% das mulheres jovens entre 18 e 24 anos não estavam preocupadas em contrair uma DST.

Está claro que os nossos adolescentes não estão recebendo as informações de que precisam a respeito de ser sexualmente ativos. Eles devem receber esses fatos e orientações em casa, em grupos de jovens e nas igrejas. Nós precisamos informá-los antes que eles sejam prejudicados, tornando-se sexualmente ativos.

Outras Maneiras Perigosas de Ter Relação Sexual

Muitos adolescentes pensam que podem ter relação sexual de maneiras seguras. Mas é possível contrair uma DST sem realizar integralmente o ato sexual.

Amy, de treze anos de idade, dizia à sua mãe que nunca havia tido relação sexual com seu namorado. Então ela começou a ter problemas de saúde. Quando sua mãe a levou ao médico, ele disse que ela teria que passar por uma cirurgia. Ela havia sofrido lesões por uma DST. Amy teve que passar por duas cirurgias antes de corrigir o problema. Ainda assim, ela continuaria a sofrer pelo resto de sua vida.

Amy ainda dizia que nunca havia tido relação sexual com o seu namorado. Eles apenas brincavam, disse ela, tocando os órgãos sexuais, um do outro, com suas mãos e bocas.

O que estudantes como Amy não entendem é o fato de que as doenças sexuais podem ser transmitidas de uma pessoa a outra sem que o ato sexual seja concluído. Os germes que causam as doenças estão nos fluidos emanados pelo corpo no ato sexual.[12] Esses germes podem entrar em outro corpo através de um pequeno corte, até mesmo de uma minúscula abertura na pele.[13]

Os adolescentes precisam aprender como esse tipo de brincadeira é perigosa. Se eles não entenderem o custo, continuarão a se expor ao perigo.

O Custo de um Bebê Indesejado

Tina e Wade planejavam se casar depois de concluir os estudos. Ela era uma cristã e nunca havia feito sexo. Tina pensava que engravidar era a pior coisa que poderia acontecer com ela. Ela lamentava por várias garotas que conhecia e que haviam engravidado. Mas ela sabia que elas vinham fazendo sexo por vários anos. Não foi nenhuma surpresa quando elas engravidaram e tiveram que deixar a escola. Agora, elas estavam muito infelizes. Ela não queria seguir o exemplo delas.

Quando o ano letivo estava quase acabando, Wade levou Tina a uma pequena casa que ele havia alugado para a noite. Ele acendeu a lareira e disse coisas muito agradáveis. A seguir, ele surpreendeu Tina com um anel de alto valor. Ele disse que isso era para mostrar que ele realmente planejava se casar com ela. Ela ficou tão feliz e se sentiu tão cheia de amor que começou a chorar. Wade perguntou se eles poderiam fazer sexo, apenas uma vez. Ela começou a fraquejar. *Apenas uma vez,* ela pensou, *que mal pode haver?* Ela também queria agradecer a Wade por sua gentileza. Assim, ela cedeu.

Dois meses mais tarde, Tina confessou à sua mãe que estava grávida. Ela contou a história toda. "Eu não pensei que isso pudesse acontecer", disse ela, chorando. "Eu não tive relações sexuais com muitas pessoas, mamãe, fiz isso uma única vez. Não é justo!"

As Tristes Notícias sobre a Gravidez de Jovens Solteiras

Engravidar antes do casamento é um dos maiores problemas que têm as jovens solteiras sexualmente ativas. Aqui estão algumas das cartas que recebi:

> A terrível verdade sobre as garotas grávidas em minha escola é o fato de que muitas pensavam que não ficariam grávidas se fizessem sexo uma única vez. Algumas delas achavam que somente "as meninas más" ficavam grávidas.

* * * * *

Quando deixei o meu bebê no hospital, no dia seguinte ao seu nascimento, deixei uma parte de mim com ele.

* * * * *

Aprendi da maneira mais difícil. O aborto lida com a situação no momento. Mas a culpa nunca acaba. O aborto nunca rompe a ligação entre uma mãe e o seu bebê.

É verdade que o número de adolescentes grávidas diminuiu, mas nós precisamos receber esta boa notícia com cuidado. O problema agora é que as jovens que ficam grávidas têm menos probabilidade de se casar do que no passado. Dizer que a gravidez de adolescentes e os partos diminuíram é como um país em guerra dizer que a taxa de mortes na batalha está diminuindo. Pode parecer uma boa notícia, à primeira vista, mas os soldados ainda estão morrendo em combate. A guerra não acabou.

Da mesma maneira, as mulheres jovens não casadas continuam a engravidar, em altas porcentagens. Com cada gravidez indesejada, há pelo menos três problemas: a garota, o rapaz e o filho que eles geraram. Eles terão que lidar não apenas com a gravidez, mas também com muitos problemas emocionais e familiares. Se Tina permitir que o seu filho nasça, a vida desse bebê será afetada pelas condições da sua criação. Enquanto jovens como Tina estiverem engravidando, a guerra não terá terminado. Assim, nós precisamos continuar a insistir que as nossas jovens esperem para fazer sexo até que estejam casadas.

A Dura Estrada das Jovens Solteiras como Mães

Se Tina decidir dar à luz seu filho, ela será como muitas outras jovens em nosso país. Um escritor disse: "Em 1960, uma em cada vinte crianças norte-americanas nascia fora do casamento. Hoje em dia, a taxa é de quase uma em cada três. Se nós não agirmos, em dez anos a proporção será de uma em cada duas".[14]

O número de crianças nascidas de jovens solteiras nos Estados Unidos é o mais elevado de qualquer nação industrializada.[15] É praticamente o dobro do número da Inglaterra e quinze vezes o número do Japão.

Hoje em dia, mais de 75% dos partos de mulheres com até 19 anos, são de jovens que não são casadas.[16]

Jovens como Tina e Wade não estão preparados para ter filhos. As pressões de serem pais em tão tenra idade são grandes demais. Nós vamos examinar algumas delas no capítulo seguinte. No capítulo 11, vamos comentar de maneira abrangente a tristeza das jovens solteiras como mães.

A Estrada sem Saída do Aborto

Tina tem outra maneira muito cara de lidar com a sua gravidez. Como milhões de jovens antes dela, Tina pode decidir abortar o seu bebê. Há muitas pessoas que farão grandes esforços para ajudá-la a fazer isso. Em muitos lugares de nosso país, uma garota de 16 anos não pode receber nem remédio para dor da enfermeira da escola, sem a aprovação de seus pais. No entanto, a mesma garota pode receber uma dispensa da escola para fazer um aborto, sem que os seus pais saibam disso.

Mas o aborto vem com um preço muito elevado para as jovens. Não estou falando sobre os honorários médicos. Durante a morte de seus filhos, muitas mulheres morreram na mesa de aborto. Para as que sobrevivem, há muitos problemas de saúde possíveis. Muitas mulheres não podem ter filhos depois. E também há a culpa e a tristeza de matar o próprio filho. Considere a triste situação de uma jovem cuja história me foi enviada:

> Fiz um aborto quando tinha 16 anos. Mais tarde, quando me casei, queria muito ter a minha própria família. Depois de algum tempo tentando engravidar e não conseguindo, consultei um médico. O que ele descobriu me deixou muito infeliz. O aborto deve ter provocado o crescimento de um tecido que passou pela cirurgia, fechando o caminho que leva ao meu útero. O meu corpo se defendeu daquele tecido, de modo que

> não houvesse nenhum aborto futuro, nem gravidez. O médico não tinha outra maneira de explicar o meu problema.

Que preço terrível a pagar por alguns minutos de diversão sexual.

O custo do sexo antes do casamento para os nossos jovens é elevado demais para ser avaliado. Os jovens estão brincando com a sua saúde, o seu futuro e as suas próprias vidas. Nós precisamos fazer tudo o que pudermos para ajudar a deter isso. Mas outras pessoas também estão pagando, quando os nossos filhos estão agindo mal. No capítulo seguinte, vamos examinar o elevado preço para nós — as famílias, as igrejas, as escolas e as cidades envolvidas com esses jovens.

Capítulo 3

O Alto Custo do Sexo antes do Casamento

A vida de um jovem pode ser destruída por apenas algumas horas de diversão sexual. Vamos pensar sobre como a vida de Tina mudou pelo que ela fez com Wade. Tina não é uma pessoa real, mas ela é como muitas jovens que conversaram comigo.

Dez anos depois que Tina e Wade passaram a noite naquela pequena casa, ela tem 27 anos. Com a ajuda de seus pais, ela decidiu duas coisas muito importantes durante os três primeiros meses de sua gravidez. Em primeiro lugar, ela decidiu não abortar o bebê. Sendo uma cristã, ela se sentia muito mal com o fato de ter feito sexo antes do casamento e ter engravidado. Ela não iria adicionar aos seus pecados o assassinato, pelo aborto.

A segunda coisa que ela decidiu fazer foi se separar de Wade. Ele havia tentado convencê-la a fazer um aborto. Quando ela não concordou, ele se irritou. Ele disse, "Se você realmente me ama, fará o que eu quero. Nós podemos ter filhos mais tarde, mas não quero ser responsável por eles agora". Isso fez com que Tina o visse de maneira diferente. Assim, ela devolveu o anel de noivado. Eles nunca mais se falaram.

Durante os três primeiros anos depois do nascimento de Kristin, Tina morou com seus pais. Depois, ela conseguiu um emprego, e se mudou com Kristin para uma pequena casa que ela alugou. Certa vez, ela perdeu o seu emprego e teve que receber ajuda do governo. Ela se sentiu mal com isso, mas agora está trabalhando outra vez, e tem esperanças de tempos melhores. Ela nunca teve tempo de terminar o Ensino Médio.

Se os seus pais não lhe dessem algum dinheiro de vez em quando, a sua situação seria pior. Eles a convidaram para morar com eles outra vez. Mas ela queria permanecer independente, se possível, embora esteja fraquejando. Ela entende como isso economizaria dinheiro. Ela também vê como seria bom para Kristin estar com seus avós. Ela pensa que pode voltar para casa de seus pais no fim do mês.

Embora a sua situação seja difícil, Tina sabe que tem muito a agradecer. Para começar, ela está feliz por não ter contraído uma DST. Outra coisa é o fato de que ela ama muito Kristin, e sente que dar à luz e criá-la foi a coisa certa a fazer. Ela é grata por não ter continuado a ser sexualmente ativa e não ter engravidado outra vez. A sua situação teria piorado muito.

O Alto Custo para uma Jovem Mãe Solteira

Há uma probabilidade de 70% de que a mãe solteira nunca conclua o ensino médio. Pense como isso irá afetar as suas chances de conseguir um bom emprego.[1] A possibilidade de um casamento diminui, também, porque um homem teria que aceitar não apenas uma esposa, mas também um filho.

Uma jovem mãe solteira provavelmente precisará de ajuda do governo. Um estudo diz que 77% das mães solteiras receberão ajuda do governo durante cinco anos depois do parto.[2] A possibilidade é ainda maior para garotas mais jovens. Os problemas financeiros são apenas uma parte da história. Pense no custo emocional de ser tão pobre.

Um estudo diz que há 25% de probabilidade de que uma jovem mãe solteira tenha um segundo filho em dois anos. Isso somente aumentará os seus problemas.

É quase certo que a jovem mãe solteira acabará morando com seus pais, avós ou outras pessoas mais velhas.[3] Essas garotas precisam do dinheiro e da ajuda emocional de pessoas mais velhas durante meses ou anos. Pense no custo dos pais, por ter que cuidar de sua filha e de seu neto.

Há um preço a pagar pelo pecado. A mente e as emoções de um adolescente são afetadas quando ele participa de atos sexuais. A mente não esquece. Também há a culpa pelo que foi feito à outra pessoa. As regras de Deus e os seus mandamentos foram violados. Isso realmente fere os adolescentes que são cristãos. Eles não podem testemunhar nem ter a bênção de Deus até que estejam bem com Ele outra vez. Nós devemos fazer a nossa parte para proteger jovens como Tina dos terríveis custos do sexo antes do casamento.

O Alto Custo para a Criança

Vamos examinar Kristin mais de perto, a criança que Tina e Wade tiveram antes do casamento. Que preço ela terá que pagar pelo pecado de seus pais? Para começar, pode ser que ela nunca conheça o seu pai. Tina lhe contou algumas coisas sobre Wade. Às vezes, Kristin diz que espera conhecê-lo algum dia. Se Tina se irrita com Kristin, a menina diz que vai fugir e morar com seu pai quando souber onde ele está. Tina não acredita, mas as palavras de Kristin ainda magoam.

Kristin não se sai bem na escola. Ela também tem problemas, por bater em outros alunos que zombam dela. A escola diz que isso é comum em lares de pais solteiros.

Tina também está preocupada com as amigas de Kristin. Tina tentou controlar a situação. Isto causa problemas entre ela e Kristin. Assim, Tina a deixa sair, sabendo que suas amigas preencherão o tempo vago depois da escola, antes que Tina chegue do trabalho. Tina não sabe que a melhor amiga de Kristin também vem de um lar de mãe solteira. A amiga tem ensinado Kristin sobre sexo, drogas e outras coisas ruins.

É uma triste situação. Kristin também está arcando com o custo do sexo de seus pais antes do casamento. Alguns estudos apresentam um quadro mais completo dos possíveis problemas que essas crianças inocentes enfrentam. Aqui estão alguns dos maiores problemas:

Se um dos pais tem uma DST, o bebê pode nascer cego. Ou pode nascer já afetado pela DST que um dos pais tem. Alguns filhos de mães solteiras vêm ao mundo já precisando de drogas ou álcool. Essas crianças têm problemas mesmo antes de nascer.

As adolescentes grávidas não cuidam de si mesmas tão bem como as mães mais velhas. Isso leva ao nascimento abaixo do peso, ou até mesmo à morte. Isso pode causar graves problemas para a saúde e o bem-estar da criança. Essas crianças têm uma probabilidade duas vezes maior de ser maltratadas do que as que nasceram de mães com mais de 20 anos.[4] Elas têm duas a três vezes mais probabilidade de fugir de casa antes de ter idade suficiente para cuidar de si mesmas. Muitas podem ser cuidadas por outras pessoas. Essas crianças custam ao governo uma quantia de 900 milhões de dólares por ano.[5]

Um estudo mostra que as meninas que nascem de mães adolescentes têm uma probabilidade 83% maior de se tornarem mães adolescentes do que as que nascem de mulheres com mais de 20 anos.[6] Se elas não se tornarem mães enquanto são adolescentes, ainda têm uma probabilidade 50% maior de ter filhos antes do casamento.[7]

No nosso mundo, muitas crianças não nascidas pagam o maior preço pelo pecado sexual de seus pais: a morte, pelo aborto. Apenas nos Estados Unidos as vidas de mais de um milhão de bebês são terminadas todos os anos pelo aborto.

Deus deve se sentir muito triste por ver essas crianças inocentes, nascidas ou não, pagando tal preço pelo pecado de seus pais. Mas quando nós não seguimos os mandamentos de amor de Deus, alguém sempre tem que pagar o preço.

O Alto Custo para os Outros

Os contribuintes norte-americanos estão pagando um alto preço pelo sexo dos jovens antes do casamento. Todos os anos, na América, aproximadamente 17 bilhões de dólares são gastos no tratamento de todas as DSTs e seus resultados. Isso equivale à contribuição de aproximadamente 240 dólares por ano para uma família de quatro pessoas. Isso não inclui outros custos, como o tempo fora do trabalho. O preço é alto demais, quando é por um problema que poderia ter sido evitado com facilidade.

Em 1998 os contribuintes estavam gastando 2.831 dólares por ano para cada jovem mãe solteira.[8] Isto não é sexo livre. É sexo caro. Você e eu estamos pagando por isso. Muitos desses custos seriam desnecessários se os jovens esperassem para ter relações sexuais depois do casamento.

Segundo muitas pessoas, o sexo é um ato privado entre duas pessoas. Elas dizem que ninguém tem o direito de dizer a outras pessoas como elas devem agir. Elas nos dizem que o governo não tem o direito de fazer leis que afetem os atos sexuais privados de uma pessoa. Elas nos dizem que as escolas não deveriam ter permissão de ensinar que os jovens não devem fazer sexo antes do casamento.

O sexo, com custos públicos, não é um ato privado. Não é privado quando as pessoas que fazem sexo atrás de portas fechadas exigem que o governo gaste milhões de dólares para encontrar uma cura para a AIDS. Não mais é privado quando as garotas engravidam atrás de portas fechadas e transferem os custos de seus filhos para os contribuintes.

E, o que é ainda pior, não mais é privado quando um dos pais ou ambos contraem uma DST e então a transmitem a outras pessoas, em outros "atos públicos". Muitas vezes, os jovens não sabem que têm uma DST. É por isso que os jovens precisam conhecer toda a história sexual da outra pessoa antes do casamento.

Certo dia, um comerciante veio falar comigo. Ele disse que vinha tendo relações sexuais com várias mulheres. Quando sua esposa descobriu, ficou profundamente irada e ferida. Para se vingar de seu marido, ela fez sexo com seu vizinho. Esse homem lhe transmitiu uma DST. Ela transmitiu a doença a seu marido. Ele ficou profundamente magoado e soube que estava pagando um alto preço pelo seu pecado. Deus disse, há muito tempo: "O que adultera com uma mulher é falto de entendimento; destrói a sua alma o que tal faz" (Pv 6.32).

Somente em um casamento o sexo entre duas pessoas pode se aproximar de ser considerado um ato privado.

Depois de um encontro com um grupo de alunos do curso superior em Orlando, Flórida, um jovem me procurou. Eu vou chamá-lo de Jed. Ele estava chorando quando me contou que durante toda a sua vida ele havia tentado fazer com que seu pai colocasse os braços ao seu redor e lhe dissesse, "Eu amo você". O pai nunca fez isso. Assim, há aproximadamente seis meses, Jed se alistou no exército.

Ele se sentiu tão solitário no exército, que quando conheceu esta garota, fez sexo com ela. Ela lhe transmitiu uma DST. Então ele realmente chorou. Ele disse que essa fora a primeira vez em sua vida que ele havia feito algo tão errado. Ele me disse que era um cristão. Ele perguntou se alguém um dia o amaria.

Realmente lamentei por esse jovem. Ele terá que lidar com essa doença pelo resto de sua vida. Ele poderá acabar vivendo uma vida de solteiro, por medo de magoar uma esposa. Ele perderá as alegrias de ser um esposo, um pai e um avô. O seu único minuto de fraqueza lhe custará muito caro.

Pode ser tarde demais para Jed, embora Deus o tenha perdoado e ainda possa usá-lo. Mas não é tarde demais para muitos dos nossos jovens e adolescentes, se eles esperarem até o casamento para ter relações sexuais.

Capítulo 4

Crianças em Corpos de Adultos

Craig, de quatorze anos, estava satisfeito com as mudanças que estavam acontecendo em seu corpo. Há apenas um ano, ele parecia um menino. Agora ele estava começando a parecer um homem. Ele também estava começando a se sentir como um homem, especialmente quando estava com garotas.

Os seus sentimentos sobre as garotas também estavam mudando. Ele não mais queria ficar afastado das garotas, nem criar problemas para elas. Agora, ele gostava de estar perto delas. Ele gostava de olhar e de conversar com elas. Craig gostava particularmente de olhar para Drew, a nova garota, durante suas aulas na escola. Ele pensava frequentemente nela e se perguntava como seria estar com ela.

Drew também estava satisfeita e entusiasmada com as mudanças que aconteciam em seu corpo. Ela via que os rapazes, principalmente os mais velhos, e até mesmo alguns homens, a observavam. Isso a agradava. Ela ria, no entanto, com a expressão nos rostos deles quando ficavam sabendo que ela tinha apenas 14 anos. Ela ficava particularmente satisfeita quando via Craig olhando para ela. Drew tentava não deixar que ele percebesse que ela poderia estar interessada.

Craig e Drew são jovens demais para dirigirem um automóvel. Eles também são jovens demais para votar, ou para comprar cigarros ou álcool. De muitas maneiras, eles ainda são crianças, mas estão vivendo em corpos de adultos. Os seus corpos podem fazer sexo e até mesmo gerar filhos. Muitos jovens da sua idade estão agindo dessa maneira.

Nos capítulos seguintes, vamos explorar as razões por que os adolescentes fazem sexo. Craig e Drew mostram a primeira razão: eles farão sexo porque podem fazê-lo. Aqui estão trechos de duas cartas que recebi de jovens, para explicar por que eles fazem sexo:

> Uma das razões pelas quais os adolescentes fazem sexo é apenas para ver como é. Eles ouvem sobre o sexo em canções populares. Eles leem em livros e revistas. Eles o veem em filmes e na televisão. Assim, eles decidem experimentá-lo pessoalmente.
>
> * * * * *
>
> Os filmes, os programas da televisão e as vidas de pessoas famosas mostram o sexo como algo maravilhoso. Não é de admirar que os adolescentes se interessem. "Como será que é fazer sexo?" "Será que é realmente tão bom como dizem?" Quando os adolescentes começam a pensar nessas perguntas, eles vão experimentar para encontrar as respostas.

Os adolescentes querem saber sobre coisas que não conhecem, incluindo o sexo. Se eles tiverem um bom entendimento do ensinamento da Bíblia sobre o sexo, não terão que experimentá-lo, antes do casamento.

Um Corpo Preparado para o Sexo

À medida que as crianças ficam mais velhas, os seus corpos começam a se modificar para prepará-las para ter filhos. Para as meninas, as mudanças podem começar já aos oito anos de idade.[1] Para os meninos, cerca de dois anos mais tarde. Essas mudanças têm uma poderosa influência na maneira como o jovem pré-adolescente vê a si mesmo. Elas também têm uma forte influência na maneira como os meninos pensam sobre as meninas, e as meninas pensam sobre os meninos.

Quando os adolescentes têm 14 anos, os corpos da maioria deles estão preparados para ter filhos. Essa é uma idade muito mais precoce do que era o caso há cem anos. Ao mesmo tempo, o casamento é postergado, por causa das crescentes exigências de mais educação. Como resultado, os jovens que aguardam o casamento para ter relações sexuais têm que esperar muito mais do que os seus avôs esperaram.

Os adolescentes de hoje sabem muito mais sobre o sexo do que seus avôs sabiam. Hoje em dia, conversa-se livremente sobre o sexo, e ele é até mesmo exibido nos meios de comunicação. Os adolescentes podem navegar pela Internet e encontrar tudo o que querem saber. Mas eles não estão preparados emocionalmente para lidar com relacionamentos sexuais. Essa preparação não se aprende na escola. Ela pode ser adquirida somente em um relacionamento afetuoso com adultos que estejam plenamente desenvolvidos emocionalmente. Mas esses relacionamentos muito frequentemente estão ausentes na família norte-americana.

Namorar Cedo, Fazer Sexo Cedo

Os adolescentes se desenvolvem rapidamente. Cada ano que um adolescente espera antes de namorar irá ajudá-lo a estar mais bem preparado para essa experiência. Estudos mostram que 91% de todas as garotas que começam a namorar aos 12 anos terão tido relações sexuais quando tiverem 18 anos. Somente 20% das garotas que começam a namorar aos 16 anos terão tido relações sexuais quando tiverem 18 anos.[2]

Os adolescentes que têm 12 ou 13 anos não começam a namorar com a ideia de ter sexo. Mas o namoro aproxima emocionalmente um garoto e uma garota. Essa proximidade leva ao toque. O toque leva ao sexo. Então, tudo o que eles necessitam é do tempo e de um lugar onde possam estar sozinhos. Isso pode ser encontrado, por exemplo, na casa da garota, depois da escola e antes que seus pais voltem do trabalho. Um estudo mostra que tanto os rapazes quanto as garotas que disseram que eram experientes sexualmente haviam feito sexo pela primeira vez quando tinham 15 anos.[3]

Álcool, Drogas e Sexo

As pessoas sob a influência de álcool ou drogas fazem coisas que não fariam, se não estivessem sob influência química. Elas perdem algum controle sobre os seus atos porque não conseguem pensar claramente nem tomar boas decisões. Isso é particularmente verdadeiro a respeito dos adolescentes. Um estudo de 1998 mostrou que os adolescentes que fazem uso de álcool ou drogas têm mais probabilidade de fazer sexo do que os outros.[4]

Um grupo da Columbia University examinou informações sobre 34 mil jovens norte-americanos. Eles conversaram com mais de cem especialistas em álcool e consumo de drogas. Eles examinaram centenas de estudos sobre o uso de álcool, drogas e sexo pelos jovens e adolescentes.

Eles descobriram que "63% dos jovens que consomem álcool e 70% dos jovens que fazem uso frequente dele têm relações sexuais com maior assiduidade. Somente 26% dos que nunca consumiram álcool já tiveram relações sexuais".[5]

Já é suficientemente difícil que os jovens esperem o casamento para ter relações sexuais. Quando há álcool e drogas no quadro, a espera se torna quase impossível. O seu bom senso falha, deixando-os com a dor e a culpa, e pesarosos pelos seus atos.

A Falsa Noção do Sexo Seguro

O primeiro encontro de Craig e Drew foi em uma festa, na casa de sua professora. O pai de Drew os levou para a festa e foi buscá-los. Eles não tiveram nem mesmo um minuto sozinhos. Mas quando Craig pediu que Drew o encontrasse no Shopping Center no sábado, ela concordou. Ali, eles foram ao cinema. No cinema escuro, Craig pegou a mão de Drew, e ela não o soltou, até o fim do filme. No decorrer dos meses seguintes, eles passaram muito tempo juntos. À medida que encontravam cada vez mais tempo para ficar sozinhos, os seus toques e beijos aumentavam.

No sábado anterior ao décimo quinto aniversário de Craig, Drew o convidou à sua casa para uma festa. Os seus pais estavam fora naquele fim de semana, e ela não convidou nenhum outro(a) colega. No caminho, Craig parou em um posto de gasolina e comprou preservativos em uma máquina no banheiro. Ele havia ouvido falar que o uso de um preservativo removeria o risco de uma DST ou de uma gravidez. Drew serviu hambúrgueres, um bolo de aniversário e vinhos com sabor de frutas. As bebidas estavam tão boas, que cada um deles bebeu duas garrafas.

Quando Drew soube que Craig tinha preservativos no bolso, gritou de excitação. A expectativa que Craig sentia, combinada com o álcool do vinho, tornou difícil colocar o preservativo no lugar. Mas ele conseguiu fazer isso, e eles fizeram sexo pela primeira vez.

A noção de que os preservativos proporcionam sexo seguro deu aos nossos jovens uma falsa sensação de segurança. Embora o uso de preservativos tenha aumentado, o número de DSTs também aumentou. Não apenas nós vemos todas as antigas DSTs, como vemos doenças novas e mais fortes.

Um relatório do *Medical Institute For Sexual Health* disse que a educação sobre o "sexo seguro" não está funcionando. "Está claro que é preciso uma mudança para deter a atual inundação de DSTs". O relatório disse que embora as pessoas digam que os preservativos proporcionam sexo seguro, eles falham entre 2 e 4% das vezes. Outros estudos descobriram uma porcentagem ainda maior de falhas.[6] Além disso, algumas DSTs podem ser transmitidas mesmo quando os preservativos são usados corretamente todas as vezes.

Vamos examinar a falsa noção do sexo seguro detalhadamente mais adiante. O que queremos explicar aqui é que a falsa noção do sexo seguro é uma das razões pelas quais os adolescentes não esperam para ter relações sexuais.

"Se Você se Sente Bem, Faça"

Nós sabemos que o sexo é gostoso. Ele é agradável para um marido e uma esposa. Ele também é agradável para duas pessoas quaisquer, mesmo quando estas não são casadas uma com a outra. Esta é outra razão pela qual os adolescentes se tornam sexualmente ativos. Aqui está o que alguns jovens me disseram sobre o prazer do sexo:

Para a maioria dos adolescentes, o sexo não é realmente importante. Por isso, eles vão em frente, e fazem sexo, simplesmente porque gostam.

* * * * *

Eu conhecia um rapaz que fazia sexo muitas vezes e não via nada de errado nisso. Um dia, perguntei a ele o que ele havia feito no fim de semana. Ele disse que levara uma garota à sua casa. Perguntei se a sua mãe sabia disso. Ele disse, "Não, ela estava fora da cidade". Então, perguntei se ele via algo errado em seu comportamento. Ele disse, "Não. Se você se sente bem, faça".

* * * * *

Muitos dos meus amigos, tanto rapazes como garotas, fazem sexo simplesmente porque querem fazê-lo. Quando lhes pergunto por que, eles dizem que isso faz com que eles se sintam bem.

* * * * *

O sexo é agradável, divertido e não custa caro. Fazer sexo é um encontro que custa pouco dinheiro, e pode ser feito praticamente em todos os lugares. A vida é vazia mesmo, então vamos fazer sexo!

O sexo não apenas é agradável, como também aproxima duas pessoas. Deus criou o sexo dessa maneira para o casamento, mas ele funciona também fora do casamento. Muitos de nossos jovens e adolescentes decidem se esquecer das coisas em que acreditavam para desfrutar o sexo antes do casamento.

Por que os jovens fazem isso? Para responder a essa pergunta, precisamos examinar o desejo que a nossa sociedade tem de diversão e prazer. Nós vivemos em um mundo destruído. Há muita dor e tanto sofrimento na vida. Mas ninguém gosta de sofrer, por isso tentamos aliviar a dor. Uma das maneiras como tentamos fazer isso é fazendo coisas que nos fazem sentir bem. Assim, as pessoas dizem, "Se for gostoso, faça" ou "Não pode ser errado se parece ser tão certo".

Os nossos jovens e adolescentes aceitaram esse modo de pensar. Esta é uma das razões pelas quais eles não estão mais esperando o casamento para fazer sexo. O sexo os ajuda a escapar da dor em suas vidas.

Se você perguntasse a Craig ou Drew o que os levou a fazer sexo, eles poderiam dizer: "Nós não conseguimos evitar isso. Os sentimentos eram fortes demais para controlar". Como muitos outros adolescentes, eles não entendem que o sexo pode ser controlado. Nós não somos animais que devemos seguir os nossos desejos sem pensar. Nós fomos criados à semelhança de Deus. Nós somos seres pensantes. Os nossos atos devem estar sob o controle da nossa mente.

O amor — o verdadeiro amor — não é apenas um sentimento. É um ato de vontade. A vontade decide tornar o bem e a felicidade de outra pessoa mais importante do que o nosso próprio bem e felicidade. Uma vez que o sexo é um ato de amor, ele deve acontecer como resultado de uma escolha, e não de um desejo que não pode ser controlado. Dizer que o sexo é apenas um desejo incontrolável é negar a nossa capacidade de fazer escolhas e tomar decisões. Os adolescentes precisam entender que nós podemos dizer "não" ao sexo.

A Fuga das Pressões da Vida

Os nossos adolescentes têm que atender a muitas pressões na vida. Os pais frequentemente não entendem quão grandes e intensas essas pressões podem ser. Quando essas pressões começam a crescer, o sexo proporciona uma fuga, pelo menos por algum tempo. Essas pressões são reais e a fuga pelo sexo é real. O sexo não soluciona o problema, mas proporciona uma fuga por algum tempo.

O desejo de escapar das pressões da vida por meio do sexo é um sinal de que a pessoa ainda não cresceu. O corpo pode parecer adulto, mas a mente e as emoções ainda não foram desenvolvidas. Uma pessoa adulta mostra autocontrole. Uma pessoa adulta lida com as pressões sem buscar uma fuga de curta duração com coisas como sexo, drogas ou álcool. Uma pessoa adulta tem um conjunto claro de crenças que orientam a sua vida, mesmo quando as pressões da vida são grandes e intensas.

Os adolescentes sexualmente ativos podem atribuir às pressões da vida, a culpa por seus atos. Mas eles ainda são responsáveis por esses atos. Eles não conseguem controlar as pressões que a vida lhes traz, mas eles podem controlar a si mesmos. Quando os adolescentes conseguem lidar com as pressões da vida por meio do autocontrole, eles não precisam buscar uma fuga pelo sexo.

Uma Coisa Leva a Outra

A intimidade entre um garoto e uma garota é como uma droga. Quanto mais eles têm intimidade, mais eles querem. Eles querem cada vez mais a fim de alcançar o mesmo nível de satisfação. A princípio, é ficar de mãos dadas. Depois, é o beijo. A seguir, os beijos ficam cada vez mais demorados e mais intensos. Em seguida, vem o toque dos corpos. Finalmente, eles fazem sexo.

Depois que um adolescente e uma adolescente começam a fazer sexo, isso se torna o centro de seu relacionamento. As coisas que eles costumavam fazer juntos deixam de ser importantes. Então cada problema ou desavença que eles têm é solucionado, fazendo sexo. Quando isso não mais atende às necessidades, o relacionamento desmorona.

No entanto, as coisas não precisam ir tão longe. É possível que um adolescente pare, como uma garota cristã me explicou em sua carta:

> Sentia-me pressionada para fazer sexo quando estava namorando Mike. Os meus pais sempre me ensinaram a maneira correta de viver. Eu sabia diferenciar o certo do errado. Assim não era difícil fazer o que era certo. Pelo menos, não foi, até

que Mike e eu já estávamos namorando por dois anos. Nessa época, nós tínhamos certeza de que estávamos apaixonados. Certa noite, ele começou a me tocar de uma maneira como nunca havia tocado antes. Isso me deixou um pouco desconfortável, mas gostei. Depois disso, as coisas ficaram cada vez mais envolventes. Certa noite, Mike me disse que queria me mostrar o quanto ele me amava, fazendo sexo. Eu não podia acreditar. Simplesmente fiquei sentada ali durante alguns minutos. Estava chocada. Eu sabia que o que ele queria fazer era errado, disse-lhe que não poderia fazer isso e desapontar meus pais.

O Desejo de Ter um Filho

Muitas adolescentes que se tornam sexualmente ativas têm um grande temor de engravidar. Algumas garotas, no entanto, querem ficar grávidas. Elas se sentem pouco amadas. Elas querem ter um bebê para amar, um bebê que as ame em troca. Outras garotas esperam ficar grávidas para forçar o rapaz a se casar com elas. Essas garotas não estão prontas para serem mães.

A Violência Sexual na Infância

Muitos adolescentes, particularmente garotas, sofreram violência sexual por parte de alguém mais velho. Essas adolescentes têm uma probabilidade maior de se tornarem sexualmente ativas muito jovens. Isso aumenta as suas possibilidades de contrair uma DST. Um estudo de 1996 descobriu que 10% das garotas com menos de 18 anos haviam sofrido violência sexual. Essas garotas fizeram sexo com mais homens no ano passado do que outras garotas que não haviam sido violentadas sexualmente.[7]

Os adolescentes são crianças em corpos de adultos. Nós devemos ajudá-los a passar em segurança por esse período de suas vidas para que possam ser adultos saudáveis e felizes.

Capítulo 5

Crescer em um Mundo onde o Errado É Certo

Quando estava crescendo, muitas das pessoas que eu conhecia diziam que o sexo fora do casamento era errado. Meus pais e minha igreja diziam, "É pecado; não faça isso". O rádio e a televisão diziam, "É errado, não faça isso". Os professores de minha escola concordavam. Até mesmo a maioria dos adolescentes que eu conhecia dizia, "Não faça isso". Certamente, havia pessoas que "faziam isso". Mas até mesmo elas sabiam que muitas pessoas acreditavam que era errado.

As coisas mudaram. A nossa sociedade não pensa sobre o sexo como se pensava há anos atrás. Os pais cristãos podem ainda dizer aos seus filhos, "É pecado; não faça isso". Se o pastor disser alguma coisa sobre o sexo, poderá dizer, "É pecado, não faça isso". Mas muitos professores da escola dizem, "Se você for fazer, faça de modo seguro". Os meios de comunicação e os amigos dizem, "É divertido; faça". Assim, os adolescentes se sentem fortemente tentados a fazê-lo.

Muitas coisas em nossa cultura afetam a maneira como os jovens pensam e agem. Para que os jovens sejam capazes de dizer "não" ao sexo antes do casamento, terão que entender a nossa cultura. Quanto mais eles entenderem como a cultura os afeta, mais serão capazes de esperar até o casamento.

Neste capítulo, nós vamos examinar, em primeiro lugar, a maneira como a nossa cultura discorda dos ensinamentos da Bíblia a respeito do sexo. A seguir, examinaremos algumas das falsas noções sobre o sexo que os jovens aprendem com a cultura.

Os Valores da Bíblia ou os Valores da nossa Cultura

A nossa cultura se afastou dos valores da Bíblia. Ela não mais crê que é possível saber o que é certo e o que é errado. Ela diz que cada pessoa pode decidir por si mesmo o que é certo. Se ela pensar que alguma coisa é certa para ela, então é certa. Mas o que é certo para uma pessoa pode não ser certo para outra pessoa. O que é certo para ela hoje pode não ser certo para ela amanhã. O que é certo para ela na sua situação atual pode não ser certo para ela se a situação mudar.

Aqui está o problema. A nova cultura e a cultura da Bíblia frequentemente coexistem na mesma casa ou na mesma igreja. Muitos adultos ainda creem que a Bíblia é a palavra final sobre o certo e o errado. Mas muitos jovens e muitos adultos aceitam a nova cultura. Nós não estamos vendo uma diferença entre as pessoas mais velhas e as pessoas mais jovens. Nós estamos vendo uma diferença entre os ensinamentos da Bíblia e um conjunto de ideias que são muito diferentes da Bíblia.

Os jovens cristãos de hoje estão crescendo em duas culturas ao mesmo tempo. Nós não podemos simplesmente dizer, "O sexo fora do casamento é pecado; não faça isso". Os jovens querem saber por que é pecado. Os adultos devem responder às suas perguntas.

Os jovens sempre acharam que seus pais não os entendem e não entendem o mundo em que vivem. Mas essa sensação de mal-entendido nunca foi tão intensa como hoje. Se os pais não entendem essa diferença, podem nunca ser capazes de conversar com os seus adolescentes. Podem nunca ser capazes de guiar os seus filhos pelo caminho de Deus.

Os pais cristãos e a igreja devem apresentar claros ensinamentos sobre as verdades da Bíblia. Somente desta maneira os jovens estarão preparados para resistir a uma cultura não cristã.

Uma Cultura sem Propósitos

Na nova cultura, os jovens não têm nada que os guie. Mas eles precisam de alguém que lhes diga o que é certo e o que é errado. Aqui está a maneira como dois jovens explicam a situação:

> Muitos jovens realmente desejam algumas regras e orientação. Se você perguntar a um rapaz se ele deseja regras, ele provavelmente rirá de você. Lá no fundo, no entanto, ele deseja que alguém diga, "Pare! Não faça isso!" No entanto, para muitas pessoas, ninguém nunca diz "Pare".
>
> * * * * *
>
> Os jovens de hoje não sabem o que pensar. Praticamente cada relacionamento faz com que eles se sintam traídos. Eles se perguntam: "Em quem posso confiar?" Os jovens se rebelaram contra regras no passado, mas eles sempre tiveram uma causa. Os jovens de hoje não têm causa. Eles simplesmente desistiram.

Os jovens de hoje não sabem o que pensar da vida. Eles recebem grandes quantidades de informação. E depois eles ouvem que não existe a verdade. Eles são ensinados que o homem não é nada mais que um animal. E depois eles ouvem que devem se sentir bem consigo mesmos.

As pessoas não querem mais aceitar a Bíblia, mas sem a Palavra de Deus não há como discernir o certo do errado. Assim, as pessoas desistem de tentar decidir o que é certo e o que é errado e fazem o que querem. Isso leva a um sentimento de vazio. As pessoas tentam preencher esse vazio com diversão.

Os jovens precisam saber como discernir o certo do errado. Eles precisam ver adultos que vivem segundo o que é correto.

O Sexo em uma Cultura de Pecado

Os jovens de hoje estão crescendo em uma cultura que espera que eles sejam sexualmente ativos. A Dra. Ruth é uma famosa sexóloga. Ela diz que se um rapaz e uma garota desejam fazer sexo, devem fazê-lo. O seu desejo de sexo é forte demais para que eles esperem. Mas se o rapaz deseja fazer sexo e a garota não, ele deve esperar. Este é o tipo de ensinamento tolo que os jovens estão recebendo. Se o rapaz pode esperar caso a garota não queria fazer sexo, ambos podem esperar, mesmo que ambos desejem fazer sexo.

A verdade é que os jovens agirão da maneira como a cultura espera que eles ajam. Se a cultura espera que eles façam sexo, eles farão. Se a cultura espera que eles esperem, a maioria deles irá esperar.

A Nossa Cultura Egocêntrica

Agradar a si mesmo se tornou a coisa mais importante em nossa cultura. Isso modificou enormemente a maneira como os jovens pensam e agem. Cem anos atrás, uma jovem na América que quisesse ser uma pessoa melhor teria prometido a si mesma:

> Eu não vou mais falar sobre mim mesma nem dos meus sentimentos. Vou pensar antes de falar. Vou me conter quando falar com outras pessoas e em meus atos. Vou ouvir quando as pessoas falarem comigo. Serei mais adulta em minhas atitudes. Terei um interesse maior em outras pessoas.

Hoje em dia, uma jovem na América que almeje ser melhor pode prometer a si mesma:

> Eu vou usar todo o dinheiro que puder para ter a melhor aparência possível. Vou perder peso e comprar novos cílios postiços. Vou ter um corte de cabelo diferente, roupas diferentes e todos os acessórios possíveis. Vou comprar uma nova maquiagem.[1]

Nós podemos esperar que os jovens cristãos não sejam influenciados pelo interesse que a cultura tem pelo próprio ego, mas isso não é verdade. Mesmo que se apeguem aos ensinamentos cristãos sobre o sexo, eles descobrem uma maneira de fazer com que o sexo pareça correto. Uma maneira de fazer isso é fazendo com que "amor" tenha o mesmo significado que "casamento". Se eles realmente amam alguém, dizem, é o mesmo que estar casado.

Perdidos na Cultura

Os norte-americanos se mudam frequentemente. Quando eles se mudam, não conhecem as pessoas que moram perto deles. Um amigo me disse, certa vez, que leu no jornal sobre um garoto que morrera em um acidente de carro. O menino era filho da família que morava do outro lado da rua. Antes de ler sobre o acidente no jornal, ele nem sabia o nome da família, nem que eles tinham um filho.

Os relacionamentos que significam alguma coisa levam tempo para se desenvolver. Muitos jovens hoje em dia nunca moraram por muito tempo em um mesmo lugar. Eles nunca tiveram a oportunidade de desenvolver relacionamentos que os ajudariam a lidar com os problemas da vida.

Outro problema é o fato de que os jovens estão crescendo com muitas incertezas. Eles não sabem como se preparar para viver em um mundo que está mudando tão rápido. O trabalho para o qual estão se preparando pode nem mesmo existir quando acabar o seu treinamento. Com esperanças tão vazias para o futuro, muitos jovens querem conseguir tudo o que puderem no presente. *Por que esperar para fazer sexo,* eles se perguntam, *se o amanhã pode nunca chegar?*

Mentiras que a nossa Cultura Conta

A nossa cultura tem as suas próprias crenças a respeito do sexo antes do casamento. Muitas dessas crenças não são verdadeiras. Mas os jovens as aceitam e tomam as suas decisões sobre o sexo com base nelas.

"Ninguém Sairá Machucado"

Os jovens aceitam a crença de que "ninguém sairá machucado" pelo sexo antes do casamento. Eles acreditam que têm o direito de fazer o que quiserem com seus próprios corpos. Eles pensam que se tomarem cuidado, não engravidarão nem serão infectados com uma DST.

Há dois problemas com esse modo de pensar. Em primeiro lugar, eles estão fechando os seus olhos para toda a dor que o sexo antes do casamento já causou a outras pessoas. Eles podem ver essa dor entre os seus amigos. Eles podem ler sobre ela nos jornais. Há a dor das DSTs, a da gravidez e a dos relacionamentos partidos.

Em segundo lugar, eles estão aceitando a mentalidade da cultura do pecado, em lugar das regras absolutas de Deus sobre o certo e o errado. As regras de Deus com respeito ao sexo são para todas as pessoas, em todos os tempos e em todas as situações.

"Está tudo Bem, porque nós Vamos nos Casar"

Muitos jovens pensam que a promessa de casamento é a mesma coisa que o casamento. Isso era o que Lori e Jeff pensavam. Um estudante me escreveu sobre o que aconteceu com eles:

> Lori e Jeff eram cristãos comprometidos com a igreja. Eles já namoravam há sete meses quando caíram na armadilha do Inimigo. Lori explicou: "Pensei que não haveria problema em fazer sexo, porque nós sabíamos que iríamos nos casar". Ela se esqueceu de que Deus não considera as promessas futuras quando lida com o pecado no presente.
>
> Satanás tentará fazer você pensar que se realmente ama alguém, Deus entende a sua necessidade de expressar esse amor fazendo sexo. Isso não é verdade. Depois de algum tempo de atividade sexual, Lori e Jeff começaram a ter problemas. Esses problemas continuaram durante dois meses. Isso poderia ter destruído o seu relacionamento. Eles se arrependeram de seus atos, mas as marcas das feridas ainda estão ali. Lori fala sobre o tempo em que eles estiveram "envolvidos no pecado". "A nossa vida de oração sofreu", disse ela, "e também muitas outras coisas. Eu pensava, 'Agora Jeff está vindo para me ver com uma só coisa em mente'".

Estudos mostram que a metade das pessoas que se casam havia planejado se casar com pelo menos outra pessoa antes. Portanto, planejar se casar não significa que você se casará com essa pessoa.[2]

Outro estudo mostra que 78% das pessoas que se divorciam fizeram sexo antes do casamento. Além disso, elas terão uma probabilidade maior de fazer sexo com outra pessoa, que não seu esposo ou esposa, enquanto estiverem casadas.

Aqui está parte de uma carta escrita por um líder cristão a uma jovem sobre estar casada. Nela, ele fala sobre a experiência de uma garota chamada Pat:

> Pat teve sua primeira relação sexual quando tinha 16 anos. Ela se tornou uma cristã um ano depois. Sendo uma cristã, ela aprendeu que o sexo antes do casamento é errado, mas ela achava difícil parar. Finalmente, Pat decidiu parar de namorar até que estivesse espiritualmente mais forte. Durante esse período, ela realmente cresceu em sua vida espiritual.
>
> Cerca de dois anos mais tarde, Bill convidou-a para sair. Ele era um cristão e um dos líderes da sua igreja. Como agora ela era muito mais forte do que havia sido, Pat concordou em sair com Bill. Depois daquele primeiro encontro, eles continuaram a sair juntos. Bill sempre foi muito cuidadoso com ela, e Pat se sentia segura com ele. Ele até pediu permissão antes de beijá-la pela primeira vez.
>
> À medida que eles foram passando cada vez mais tempo juntos, os seus beijos passaram a ser cada vez mais demorados. Então, certa noite, Bill começou a explorar o corpo dela com suas mãos. Mais tarde, ele disse que sentia muito e prometeu que isso nunca mais aconteceria. Mas isso aconteceu outra vez e continuou acontecendo. Certa noite, ele foi longe demais e ela o deteve. Ele percebeu que ela estava zangada. Novamente Bill disse que sentia muito e explicou que estava apenas tentando dar prazer a ela. Pat lhe disse que não queria esse tipo de prazer — pelo menos, não por enquanto.
>
> Eles conversaram sobre o motivo pelo qual ela não queria que ele continuasse tocando o seu corpo. Mas ele nunca pa-

> receu realmente compreendê-la ou se lembrar do que ela havia dito. Eles oraram juntos e prometeram, um ao outro, que isso nunca aconteceria outra vez. Mas aconteceu muitas outras vezes.
>
> Ela me disse, "Se isso estivesse acontecendo com outra mulher, eu a aconselharia a romper o relacionamento. Mas como você sai de um relacionamento quando é com alguém com quem você quer passar o resto da sua vida?"
>
> Nós conversamos novamente dois meses depois. "Eu entendo agora que o meu relacionamento com Bill é muito diferente dos relacionamentos que eu tive quando era mais jovem. Bill e eu estamos realmente apaixonados e planejamos nos casar em três meses. A abstinência quc nós estamos mantendo agora nos preparará para a nossa noite de núpcias. Isso deixará o nosso casamento mais forte".
>
> Durante esse período, a vida espiritual de Pat sofreu. Ela deixou de orar e ler a sua Bíblia. Ela perdeu o interesse pela igreja. Antes que ela e Bill se envolvessem sexualmente, ela era uma cristã muito feliz. Agora, ela parecia triste durante a maior parte do tempo. Ela frequentemente se irritava, até mesmo com Bill. Talvez particularmente com Bill.
>
> Pat e Bill nunca se casaram. Pat finalmente admitiu que o problema foi a atividade sexual. Ela disse, "Examinando o passado, sei que as nossas atividades sexuais é que foram mortais. Nós não conseguíamos mais pensar bem um do outro. Nós nos sentíamos culpados. E eu estava sempre zangada, zangada comigo mesma, mas também zangada com Bill".

Pat pensava que o seu relacionamento com Bill era diferente e que isso tornava o sexo correto. Não era correto, porém, porque era contrário ao ensinamento da Palavra de Deus. Ela pensava que eles certamente se casariam no futuro, mas nunca se casaram.

"Eu Devo isso a ele"

Se uma garota pensa que deve o sexo a um rapaz, é porque ele deseja que ela pense dessa maneira. Ele está pensando apenas em si mesmo. Ele só quer "usar" a garota. No jeito cristão de ver a vida, no entanto, nós não "usamos" as pessoas.

Uma garota que faz sexo com um rapaz porque ela "deve isso a ele", está vendendo o seu corpo. Ela está fazendo o que ele deseja, para que ele lhe dê o que ela quer. Ela pode não querer sexo, mas o que quer que ela realmente deseje, ela quer que ele dê a ela. Talvez ela apenas queira que alguém a ame. Talvez ela queira se sentir desejável. O sexo, no entanto, não é algo que se pode comprar e vender.

O rapaz que faz uma garota sentir que deva o sexo a ele não quer sexo com ela, particularmente; ele apenas quer sexo. Ele quer tomar, e não dar. Uma garota que está disposta a ceder nessas condições não tem uma opinião firme a respeito de si mesma.

"Prove o seu Amor, Fazendo Sexo"

Muitos rapazes pedem a uma garota que façam sexo para "provar o seu amor". Mesmo que a garota não queira fazer sexo, ela pode acabar fazendo. Isso é verdade até mesmo a respeito de garotas cristãs. Elas são levadas a crer que o amor é a mesma coisa que o casamento. Se o sexo foi feito para o casamento, e o amor é o mesmo que o casamento, então elas devem demonstrar o seu amor, fazendo sexo.

No entanto, quando a Bíblia fala sobre o amor verdadeiro, ela sempre se refere a palavras e atos que conduzem a outra pessoa para mais perto de Deus. Em nenhuma passagem da Bíblia o amor leva outra pessoa ao pecado. O sexo sem o casamento nunca pode demonstrar o amor verdadeiro. Ele nunca mostra o amor de Deus.

"O Sexo Prova que Sou Adulto"

Os adolescentes são crianças que estão se transformando em adultos. Eles se tornam adultos em alguns aspectos antes de se tornar adultos em outros aspectos. Os seus corpos podem fazer sexo antes que as suas mentes e emoções estejam preparadas. Eles ainda não são completamente capazes de discernir o certo do errado. Eles ainda não são capazes de defender aquilo que creem ser correto. Eles não conseguem ver o preço que podem ter que pagar pelos seus atos. Apenas ter um corpo adulto não torna uma pessoa adulta.

Um homem que trabalha com jovens me disse:

> As garotas do Ensino Médio tentam agir como pessoas casadas. Uma maneira pela qual elas fazem isso é tendo relações sexuais. Durante muitos anos, elas sonharam em se casar. Agora, elas querem brincar de casadas. Mas ouvi as garotas dizendo que quando fizeram sexo, elas perderam a sua juventude. Elas lamentavam isso. Elas lamentariam particularmente se tivessem engravidado.

"Depois que Você Fez Sexo, não Há como Voltar atrás"

Os jovens acreditam que depois que se tornaram sexualmente ativos, não há razão para parar. Eles dizem que já perderam a sua inocência e nunca poderão recuperá-la. Um cristão que aceita este tipo de mentalidade desistiu do perdão de Deus. Mas o perdão de Deus é inesgotável.

Qualquer que seja o nosso pecado, Deus nos oferece a oportunidade de deixar os antigos caminhos para trás e começar a viver o seu caminho. Isso pode começar quando quisermos. Se nós demos dez passos para longe de Deus, Ele já deu nove passos em nossa direção. Mas nós temos que dar aquele último passo para ter novamente com Ele aquele relacionamento de que desistimos.

Apenas duas coisas são necessárias para que retornemos ao relacionamento com Deus: arrependimento e perdão. Com o arrependimento, nós concordamos com Deus que pecamos e dizemos a Ele que nunca mais queremos fazer isso. Então, Deus nos perdoa e nos aceita como se nós nunca tivéssemos errado. Ele só pode fazer isso porque Cristo morreu pelos nossos pecados.

Quando concordamos com Deus sobre o nosso pecado e aceitamos o seu perdão, somos capazes de começar de novo. Dizer que Deus não pode perdoar ou não irá perdoar é dizer que a sua graça não é capaz de cobrir o nosso pecado. Isso o fere mais do que qualquer outra coisa que possamos fazer.

Se um jovem decide continuar com o sexo antes do casamento, há grande perigo. Há todos os tipos de armadilhas esperando por esse jovem. Quanto mais tempo ele permanece sexualmente ativo, menos probabilidade terá de escapar sem nenhum dano. Há o perigo de uma DST e uma gravidez. Também há o perigo de emoções danificadas, relacionamentos destruídos e culpa. Algumas dessas condições continuarão com o jovem durante toda a sua vida.

* * * * *

A cultura de hoje está dizendo aos jovens, “Desfrute do sexo agora. É tolice esperar”. Talvez a voz mais alta seja a voz dos meios de comunicação. No capítulo seguinte, vamos examinar como os meios de comunicação estão dando aos jovens outras razões fortes para não esperar para fazer sexo.

Capítulo 6

A Influência dos Meios de Comunicação

Você se lembra de Derek, do capítulo 1? Ele é um estudante cristão que procura entender a pergunta: "Por que o verdadeiro amor deve esperar?" Uma conversa que ele teve com seu amigo Colin foi o que fez com que ele pensasse pela primeira vez sobre essa pergunta. Aqui estão mais algumas informações sobre Derek. Ele e Colin gostam de ir ao cinema. Ver alguém salvando o mundo sozinho é uma mudança muito oportuna e bem-vinda para as pressões dos estudos de Derek.

Derek não vê filmes que fazem o pecado do sexo parecer correto. Ele é cuidadoso com os filmes que assiste, porque sabe que pode ser fortemente influenciado por filmes com apelos sexuais. Ele gosta de ver o que chamamos de filmes de ação. Mesmo esses, às vezes, apresentam uma rápida visão de um corpo nu de mulher. Normalmente, eles incluem um ou dois atos sexuais. Derek desejaria que as pessoas que fazem os filmes não mostrassem essas coisas, mas isso não o afeta realmente. Ou será que afeta?

Aqui estão algumas informações sobre Annie, a garota cristã que começou a namorar Jeff, um jovem soldado.

Para escapar às pressões da escola e do trabalho, ela lê histórias de amor. Na maior parte do tempo ela lê sobre um herói e sua namorada se aproximando de Deus. Eles nunca vão juntos para a cama antes do casamento. Às vezes, ela lê uma história em que o herói e sua namorada nem sempre fazem o que é certo. Mas no fim da história, tudo dá certo. Annie diz que os seus maus atos são porque eles não eram cristãos, no princípio. Essas histórias não a ferem. Ou será que ferem?

Os adolescentes estão crescendo em um mundo em que os meios de comunicação estão sempre presentes. A mídia está sempre tentando nos dizer ou nos vender alguma coisa. Com respeito ao sexo, os meios dizem muitas mentiras.

Em "Why Wait for Sex?" para Inter-Varsity Christian Fellowship, Alice Fryling escreveu:

O nosso mundo está faminto por intimidade. Muitas das mentiras em que acreditamos têm a ver com a nossa fome de estar próximos de outra pessoa. Nós acreditamos que o sexo irá satisfazer essa fome. Nós queremos ser amados, tocados e compreendidos, em um mundo em que a intimidade familiar está se tornando algo do passado. Esses desejos são tão antigos quanto às pessoas. O que há de diferente hoje em dia é o fato de que as pessoas estão tentando satisfazer esses desejos de maneiras incomuns.[1]

O que os Meios de Comunicação Estão Tentando Vender?

Nós ouvimos diariamente sobre o sexo nos meios de comunicação. O sexo é usado para vender tudo, desde carros a roupas. A televisão, os filmes, os livros e os jornais nos incentivam a experimentar o sexo, sem pensar nos custos.

Programas apenas para o prazer influenciam jovens ainda mais do que as mensagens que vendem alguma coisa. Para demonstrar isso, aqui está um trecho de uma carta que recebi de uma garota do estado de West Virginia:

> Aceitei a Jesus como meu Salvador quando tinha nove anos. Frequentei a igreja durante toda a minha vida, e ainda frequento. Aos 17 anos, comecei a namorar um rapaz que havia concluído os estudos e conseguira um emprego em uma fábrica na cidade. Pensava que ele era maravilhoso. Bem, certa noite nós fomos ver um filme com apelo sexual. No caminho para casa, nós fizemos sexo no banco de trás do carro da mãe dele. Depois de cinco meses de namoro, ele me deixou. Fiquei arrasada.

Esta história se repete na vida de muitas jovens. Uma das principais razões por trás deste triste fato são as mentiras que os meios de comunicação dizem aos jovens sobre o sexo. Quais são essas mentiras? Abbylin Sellers apresenta seis mentiras dos meios de comunicação sobre o sexo. Para cada mentira, Sellers nos apresenta a verdadeira mensagem que os jovens precisam aprender.

Mentira 1: O sexo cria intimidade. A verdadeira intimidade se baseia na promessa de ser honesto e amoroso.

Mentira 2: Começar a fazer sexo cedo irá ajudar vocês a se conhecerem, um ao outro, e a terem um relacionamento melhor no futuro. O sexo é uma arte que se aprende melhor no ambiente seguro do casamento.

Mentira 3: O sexo sem uma promessa de longo prazo é divertido e nos dá uma sensação de liberdade. Um relacionamento sexual satisfatório precisa da confiança que só cresce em um casamento que dura uma vida inteira.

Mentira 4: Se você não expressa o seu desejo livremente, você deve estar sufocando o seu desejo sexual. Talvez haja algo errado com você. Talvez você esteja permitindo que outras pessoas controlem a sua vida. Esta mentira pode assustar você. O fato é que o sexo antes do casamento é ruim para você, de muitas maneiras.

Mentira 5: Sexo é liberdade. Ninguém é realmente livre por tomar parte em uma atividade simplesmente porque outros estão fazendo.

Mentira 6: Certamente Deus entende que estamos vivendo em tempos modernos. Deus não nos deu regras porque não quisesse que aproveitássemos a vida. Exatamente o oposto é verdadeiro a respeito do sexo. Como Ele é Deus e nos ama muito, Ele nos disse como podemos ter as melhores experiências sexuais. Isso acontece dentro dos laços do casamento.[2]

Televisão

A televisão é uma grande influência na experiência diária de nossas famílias. Os norte-americanos passam aproximadamente um terço de seu tempo livre vendo TV.[3] A televisão frequentemente tem uma má influência sobre os nossos atos. Os adolescentes que mais veem televisão são os que têm pior desempenho na escola.[4] Os adolescentes que são sexualmente ativos veem televisão mais do que os jovens que não são sexualmente ativos.[5]

No início da noite, quando há mais pessoas assistindo, a televisão mostra aproximadamente três atos sexuais por hora.[6] As garotas veem mais televisão com sexo nos programas do que os rapazes.[7] As adolescentes grávidas veem mais televisão do que as que não estão grávidas.[8] A maior ocorrência de sexo na televisão é em conversas e não pessoas nuas,[9] mas 10% de todos os programas mostram o ato sexual ou falam sobre ele.[10]

Em um estudo, rapazes e garotas mais velhos que viam um grande número de atos sexuais pela televisão tinham mais probabilidade de acreditar que outras pessoas de sua idade também faziam essas coisas.[11] Muitos jovens concordam com o que esta jovem escreveu:

> Quando era jovem, via programas para adultos pela televisão todos os dias. Que equívoco é encher a mente do jovem com tal mentalidade! Também comprava livros cheios de sexo, desde muito jovem. A minha mãe não se importava com o que eu lia. Pensamentos sobre atos sexuais estavam fixos em minha mente. Quando eu estava na oitava série, já estava tocando e beijando rapazes durante o intervalo das aulas. Isso continuou durante o ensino médio. Quando fui para a faculdade, comecei a ter relações sexuais.

Nem tudo o que vemos pela televisão é fingimento. As jovens veem que as garotas que trabalham para a televisão têm filhos antes do casamento. Essas garotas parecem viver vidas maravilhosas. Desta maneira, a televisão parece dizer que o sexo fora do casamento é correto, muito mais do que diz que é errado. Não é de admirar que os adolescentes saiam e experimentem o sexo.

Música

Aqui está o que alguns jovens dizem sobre a música:

> Outra razão pela qual os jovens fazem sexo antes do casamento é a música que eles ouvem. As palavras no rock e em música country falam livremente sobre o sexo. Muitas canções falam de "amantes de uma só noite" ou "amantes em tempo parcial".
>
> * * * * *
>
> Alguns jovens podem dizer: "Oh, eu não ouço as palavras. Eu só gosto da música". Mas eles ouvem, sim, as palavras, e as aprendem. Então eles podem começar a pensar que todo tipo de sexo é correto. Isso não é bom.
>
> * * * * *
>
> No Natal, meu irmão tentou me irritar, dizendo que uma canção sexy era uma canção excelente. Dizer que uma canção sexy é excelente leva os jovens a fazer sexo sem nem mesmo questionar isso.

Uma vez que a música de que os jovens gostam fala tanto sobre o sexo, não é de surpreender que os jovens sejam influenciados por ela. Abraham Maslow estudou as "maiores experiências" nas vidas humanas. As experiências que envolviam a música estavam em segundo lugar na sua lista. A experiência número um era o sexo. Imagine, então, como o sexo e a música, juntos, são poderosos.

Frank Zappa escreveu que a música de rock é sexo. O ritmo combina com o ritmo do corpo e as palavras da canção fortalecem a canção. Se um jovem ouve músicas que destroem as pessoas, em lugar de edificá-las, ele mostra quais influências deseja que moldem a sua vida.

Pornografia

As mentiras mais prejudiciais que os meios de comunicação dizem sobre o sexo estão relacionadas com a pornografia. A pornografia está usando palavras ou imagens para despertar o desejo sexual. Ela leva aos tipos mais nocivos de sexo. Uma das maneiras mais populares de encontrar pornografia é pela Internet. Os jovens usam seus computadores em casa para encontrar material sexual de todos os tipos. No capítulo 18, vamos comentar algumas maneiras pelas quais os adultos podem ajudar os jovens a escapar deste perigo.

A Maior Mentira dos Meios de Comunicação

Dificilmente personagens que vemos na televisão ou nos filmes paga um preço pelo sexo errado. Mas na vida real, as pessoas frequentemente pagam um alto preço. Muitos estudos mostram que os meios de comunicação estão mentindo sobre os perigos do sexo errado. Um estudo diz que o sexo aparece em 75% dos programas durante o horário em que as crianças mais assistem televisão. Somente um em cada dez desses programas fala sobre os perigos e as responsabilidades do sexo.

Outro estudo mostrou que 156 atos sexuais foram exibidos em 50 horas de televisão. A única menção a HIV/AIDS expôs que eles surgiram por meio do uso de drogas e não por atos sexuais.[12] Outro estudo disse que somente 10% dos programas estudados falavam de resultados possíveis para os atos sexuais, como gravidez não planejada.[13] Nenhum programa falou sobre como o sexo fora do casamento pode levar à AIDS ou ao juízo de Deus.

Quando Derek vê o sexo entre duas pessoas que não são casadas em um filme de guerra, ele pode considerar o sexo inocente e inofensivo. As duas pessoas se divertem e então continuam com suas vidas. Derek fica com a ideia de que o sexo antes do casamento não é assim tão ruim.

No entanto, isso não é a vida real. É uma mentira. Na vida real, as pessoas frequentemente acabam com alguma doença ou a morte. Não é de admirar que Derek tenha começado a questionar as regras de Deus sobre o sexo antes do casamento. Ele está sendo influenciado pela mentira.

A última história de amor que Annie leu terminava com uma jovem nos braços de um homem atraente. Ele acabara de conduzi-la às alegrias do sexo. Mas livros como esse dificilmente falam dos resultados que muitas jovens sofrem depois de se entregar a um homem e ser abandonadas. Assim, quando o namorado de Annie a excita com palavras amorosas, que razão ela tem para dizer "não" ao sexo?

As nossas ações são o resultado dos nossos pensamentos. Os nossos pensamentos são o resultado do que nós colocamos em nossas mentes. Quanto mais tivermos esses pensamentos, mais começaremos a colocá-los em prática.

Quando os nossos pensamentos não estão de acordo com a verdade, os nossos atos também não estão de acordo com a verdade.

Como [uma pessoa] imaginou na sua alma, assim é, dizem as Escrituras (Pv 23.7). É por isso que a Bíblia nos diz que devemos guardar os nossos corações, ou nossas mentes (Pv 4.23). Não devemos nos deixar induzir à tentação (Mt 6.13). Devemos desejar ser como Deus, e não como o mundo (Rm 12.1-2; 1 Jo 2.15).

A Mentira dos Falsos Valores

Quais são os resultados das mentiras dos meios de comunicação? Os jovens estão recebendo milhares de mensagens que dizem que o sexo fora do casamento é inofensivo. Assim, a cada ano, milhões de adolescentes e jovens engravidam ou são infectados por DSTs. Os meios de comunicação pouco fazem para mostrar valores corretos ou os resultados de valores errados.

No entanto, o temor atual da transmissão da AIDS trouxe alguns sinais de mudança. Os meios de comunicação parecem estar dizendo que é mais seguro fazer sexo com uma única pessoa. A mídia também está mostrando mais preocupação com a segurança das duas pessoas. Porém, o caminho que os meios estão seguindo somente resultará em mais sexo fora do casamento. Esse caminho não produzirá uma maneira piedosa de pensar sobre o sexo ou o verdadeiro amor.

Os meios de comunicação mostram aos jovens que a cura para tudo é ir para a cama com outra pessoa. Os pais preocupados dizem, "Espere, não faça sexo". Não é de admirar que haja problemas.

A mídia diz que o valor de uma pessoa é, principalmente, a beleza do seu corpo. A maneira como explicam essa beleza, no entanto, está sempre mudando. Os meios têm tal poder sobre os jovens por causa das horas que eles passam ouvindo, assistindo e lendo os valores da sociedade.

Como resultado, os jovens passam cada vez menos tempo com pessoas mais velhas. Eles acabam acreditando e vivendo as mentiras que os meios de comunicação contam.

As Escrituras nos aconselham a fugir das coisas pecaminosas que os jovens querem fazer (2 Tm 2.22). Se um jovem souber disso e ainda fizer sexo fora do casamento, deverá assumir a culpa pelos resultados.

Uma jovem me escreveu a respeito do alto preço que ela pagou pelo pecado do sexo antes do casamento:

> O que os filmes e a televisão não nos contam é a dor e os corações partidos que resultam do sexo fora do casamento. Não posso tratar essas coisas como se elas não tivessem importância. A coisa mais difícil que eu já tive que fazer foi me recuperar do meu relacionamento com um homem casado. Isso foi mais difícil do que passar por uma operação. Foi mais difícil do que fazer um exame médico para diagnosticar câncer. Foi mais difícil do que um casamento destruído. Foi mais difícil do que perder um emprego depois do outro. Foi a coisa mais dolorosa que já tive que fazer.

Colocando os Meios de Comunicação no seu Devido Lugar

Os pensamentos dos jovens e adolescentes sobre o sexo precisam mudar. Para que isso aconteça, ou os meios de comunicação devem mudar ou os hábitos de ouvir e assistir dos jovens deve mudar. Os jovens devem aprender a escolher o que assistir, ler e ouvir. Eles devem aprender a usar a Bíblia para fazer essas escolhas.

A melhor influência que os jovens podem ter são pais religiosos. Os próprios pais devem entender o ensinamento de Deus a respeito do sexo e ser capazes de ensinar essas coisas aos seus filhos. No entanto, eles não serão aptos para fazer isso, a menos que tenham um bom relacionamento com seus filhos. Esse relacionamento deve ser construído quando os filhos ainda são crianças pequenas.

A Bíblia diz que os pais devem ensinar a seus filhos os mandamentos de Deus (Dt 6.6,7; Ef 6.4). Quanto mais os jovens são ensinados, desde tenra idade, a fazer escolhas corretas, mais fácil será para eles tomarem a decisão correta quando vier a tentação.

Os jovens estão procurando alguma coisa para satisfazer as suas mais profundas necessidades, como amor e aceitação. Essas necessidades foram colocadas neles por Deus. Elas devem ser satisfeitas pelo lar, pela igreja e pela escola. Quando não são satisfeitas nesses ambientes, os jovens tentarão satisfazê-las de alguma outra maneira. No capítulo seguinte, vamos comentar como alguns dos adultos importantes na vida de uma criança são uma grande parte do problema.

Capítulo 7

Uma “Fome de Amor” no Lar

Os estudantes de algumas escolas são conhecidos pela sua falta de gentileza para com alguns palestrantes visitantes, particularmente palestrantes cristãos. Enquanto esperava pela minha vez de falar em uma dessas escolas, estava um pouco preocupado. Será que eles estariam interessados naquilo que eu tinha a dizer? Será que eles me ouviriam?

Quando me levantei para falar, os estudantes estavam muito ruidosos. Assim, falei muito alto. Eu disse: “Quase todos vocês têm dois temores. Número um, vocês têm medo de nunca serem amados. Número dois, vocês têm medo de nunca serem capazes de amar”.

Imediatamente, os alunos ficaram quietos. Eles queriam ouvir o que eu iria dizer a seguir. Muitos alunos realmente têm esses dois temores profundos. Muitos médicos acreditam que esta fome de amor é uma das razões pelas quais os jovens fazem sexo antes do casamento.

Neste capítulo, vamos examinar duas maneiras como uma fome de amor no lar podem levar ao sexo antes do casamento. Em primeiro lugar, vamos examinar a falta do amor e do exemplo dos pais. A seguir, vamos examinar a falta do ensino dos pais a respeito do sexo.

A Falta do Amor e do Exemplo dos Pais

Deus planejou que o amor dos pais, um pelo outro, fosse um exemplo para os seus filhos. Se os jovens aprenderem o amor em casa, não terão que procurá-lo em algum outro lugar.

Quando o amor entre um pai e uma mãe desmorona, os filhos não aprendem como dar nem receber amor. Os jovens que crescem com fome de amor no lar temem nunca conseguir encontrá-lo. Assim, frequentemente eles terão experiências sexuais. Elas somente farão crescer ainda mais a sua dor e a sua fome de amor. Depois de ouvir uma de minhas palestras na Inglaterra, um jovem de 16 anos de idade me escreveu: "Eu gostaria que alguém me amasse e me mostrasse que se preocupa comigo".

No que diz respeito ao sexo antes do casamento, a única resposta é parar, antes de começar. Isso começa com os pais passando algum tempo com seus filhos. Isso deve começar muito antes de seus filhos começarem a sentir as pressões para fazer sexo.

O Exemplo dos Pais

A maior razão pelas quais os jovens e adolescentes se envolvem com o sexo é o fato de que os seus pais não demonstram suficiente interesse neles. Um estudo mostra que praticamente um em cada três pais não demonstra seriamente um interesse na vida de seus filhos. Isso é particularmente verdadeiro a respeito do tempo dos jovens na escola.[1]

Os pais que não demonstram interesse por seus filhos provocam uma fome de amor, tanto nos pais como nos filhos. Os pais que têm fome de amor criam filhos que sentem uma fome de amor ainda maior. Isso leva a resultados terríveis.

Quando um jovem se sente conectado com a sua família e os seus pais estão envolvidos na sua vida, o jovem está protegido. Os jovens também estão protegidos quando seus pais estão com eles em momentos importantes durante o dia. Esses momentos importantes são pela manhã, depois da escola, durante o jantar e na hora de dormir. Os filhos também são protegidos pela expectativa de seus pais de que eles se saiam bem na escola. Os pais amorosos, que transmitem uma mensagem clara sobre postergar o sexo, têm filhos que têm menos probabilidade de fazer sexo antes do casamento.[2]

Os jovens estão clamando por pais que sejam bons exemplos de amor, casamento, sexo e família. Uma das maiores coisas que os pais podem fazer por seus filhos é amarem, um ao outro, e deixarem que os seus filhos saibam disso.

Em Busca do Amor de um Pai

Embora o amor do pai e da mãe seja importante, muitos jovens sentem falta particularmente do amor de seus pais. Uma das razões para isso é o fato de que os homens têm dificuldades em mostrar suas emoções. Uma história escrita por uma jovem mostra a grande importância do amor de um pai:

> Quando eu tinha 14 anos, namorava um rapaz de 18 anos. Depois de mais um menos um mês de namoro, ele me disse que me amava. Ele disse que se eu o amasse, faria sexo com ele. Se eu não fizesse, ele disse que teria que me deixar. Eu sabia que o sexo antes do casamento era errado, mas queria muito ter um homem que me amasse.
>
> Eu não tinha certeza do amor de meu pai. Sempre tive a impressão de que eu tinha que conquistá-lo e merecê-lo. Assim, aqui estava o meu namorado. Ele estava me dizendo que me amava. Eu precisava desse amor. Se a condição para ter esse amor era fazer sexo com ele, senti que tinha que fazer isso. Sabia que isso era errado, mas não queria perder o homem que me amava. Assim, eu cedi.
>
> Depois de dois anos, nós nos separamos. Então comecei a fazer a mesma coisa com outro homem. Queria muito encontrar alguém que me amasse sem ter sexo. Mas todo homem com quem saía me dizia: "Se você me ama, você fará sexo comigo". Aos 21 anos, finalmente encontrei um Homem que realmente me amava.

A jovem encontrou Jesus, que dá o seu amor sem nenhuma condição. Ela fala sobre quando encontrou Jesus:

> Sentia-me muito sozinha naquela noite, apenas mais uma de muitas vezes em que me senti dessa maneira. Finalmente, entendi que sentia a falta de um pai. Queria poder chamá-lo quando estivesse sofrendo, queria que ele ouvisse o que tinha a dizer, queria ouvi-lo dizer que ele entendia. Eu nunca tive isso com o meu pai.
>
> Mas naquela noite Deus falou comigo de uma maneira tranquila e disse que Ele estava do meu lado. Perguntei: "O Senhor será o meu pai? Sim, sei que será. E o mais maravilhoso, sobre o Senhor como meu pai, é que posso estar contigo o tempo todo".

Um estudo revelou que 72% das mulheres querem receber abraços apertados e ser tratadas gentilmente mais do que desejam ter sexo.[3] Recebo frequentemente cartas de jovens como estas garotas.

> Você me fez chorar hoje, quando falou, na minha escola, sobre o seu relacionamento com a sua filha. Eu queria que alguém me amasse como você ama a sua família.

* * * * *

> A minha mãe foi casada duas vezes. Nenhum dos maridos foi um pai para mim. Você disse que muitas jovens não querem ter sexo, elas simplesmente querem alguém que se importe com elas. Isso é verdade! Quase caí na "armadilha do sexo" porque simplesmente queria um homem que me amasse.

Talvez alguns pais estejam sentindo que eu não estou sendo justo. Sim, há mães que não prestam atenção a seus filhos, mas penso que nós, homens, devemos receber grande parte da culpa pelo fato de os nossos jovens estarem nessa situação.

Famílias Destruídas

Hoje em dia, há muitos divórcios em nosso mundo. Os jovens temem que isso aconteça com seus pais ou sentem a dor de uma família já ferida pelo divórcio. Isso faz com que eles procurem o sexo em lugar do amor de seus pais. Descobri esse medo há muitos anos, com o meu próprio filho, Sean, que tinha apenas 6 anos de idade. Ele voltou meio triste da escola. Perguntei qual era o problema. "Nada", respondeu ele.

Como nós tínhamos um bom relacionamento, eu disse: "Ora, vamos lá, conte-me por que você está triste".

Ele esperou um pouco e então perguntou: "Você vai deixar a mamãe?" Os pais de três de seus amigos tinham acabado de se divorciar das mães e Sean tinha medo de que eu pudesse fazer a mesma coisa.

Sentei-me ao lado de Sean. "Eu quero que você saiba de uma coisa", disse. "Eu amo muito a sua mãe e nunca vou deixá-la".

Aquele garotinho de seis anos de idade sorriu e disse: "Obrigado". Ele não estava procurando amor para si mesmo. Ele precisava da segurança que resultava de saber que a sua mãe e eu amamos um ao outro e planejamos um casamento permanente.

Muitos jovens sentem que é fácil demais conseguir um divórcio. Entre os jovens de lares divorciados, muitos disseram que seus pais não tentaram o suficiente. Uma razão pela qual o divórcio é tão prejudicial para os jovens é o fato de que eles não mais verão seus pais todos os dias.

Divórcio

O divórcio tem um efeito maior sobre uma criança do que a morte do pai ou da mãe. Há várias razões pelas quais isso é verdade. Em primeiro lugar, quando os filhos perdem um dos pais pela morte, normalmente não sentem que são responsáveis. Quando perdem um dos pais pelo divórcio, frequentemente culpam a si mesmos.

Um menino de dez anos me disse, com toda seriedade: "Se eu tivesse mantido o meu quarto em ordem, o meu pai não teria deixado a minha mãe". Ele disse que seu pai costumava criticá-lo, porque o seu quarto estava sempre sujo e bagunçado. Quando seus pais se separaram, o menino pensou que fosse porque ele não mantinha o seu quarto limpo.

Conversei com uma jovem cujos pais haviam se divorciado quando ela tinha 16 anos. Ela disse: "Se eu cozinhasse melhor, o meu pai nunca teria se divorciado de minha mãe". Como a sua mãe trabalhava fora, Debbie era responsável por preparar a refeição da noite. O seu pai sempre criticava a sua comida. Certa noite, ele simplesmente partiu. Sete anos depois, Debbie ainda dizia: "O meu pai se divorciou da minha mãe porque eu cozinhava muito mal".

A segunda razão pela qual é mais difícil perder um pai ou uma mãe pelo divórcio do que pela morte é o fato de que no divórcio nunca há um final feliz. Quando um dos pais morre, é doloroso; no entanto, a criança, mais tarde, entende que o papai ou a mamãe se foi. Depois de um período de luto, a sua vida continua. Porém, no caso do divórcio não há um fim. Ele simplesmente continua.

Ouço muitos pais divorciados dizerem: "Os meus filhos realmente lidaram bem com o divórcio". Exteriormente, os filhos podem parecer que estão bem, mas por dentro estão feridos. O divórcio é uma das principais razões pelas quais os nossos filhos perdem a esperança. Isso pode fazer com que eles comecem a procurar o amor em todos os lugares errados.

Lar Destruído, Filhos Arrasados

Quando Deus criou o homem à sua semelhança, Ele não criou apenas um homem, mas criou também uma mulher. Embora cada pessoa seja criada à semelhança de Deus, a completa semelhança com Deus é demonstrada no casamento de um homem e uma mulher. Quando esse casamento é destruído, a semelhança de Deus no lar é destruída.

Os pais terrenos devem dirigir as suas famílias para o Pai celestial. Este é o plano de Deus, mas a família como Deus planejou praticamente desapareceu da América nos últimos anos. Nós estamos vendo muitos efeitos disso em nossos filhos. Um desses efeitos é o envolvimento precoce com o sexo.

Os lares destruídos podem levar ao sexo antes do casamento, de pelo menos três maneiras. Uma delas é a falta de valores, que resulta de uma família dividida. Os filhos aprendem que devem ser gentis e bondosos, no entanto os pais não perdoam um ao outro.

Uma segunda razão pela qual um lar destruído pode levar ao sexo antes do casamento é o fato de que a influência de outras pessoas é mais forte do que a influência do lar. A intimidade e a interação que têm lugar na família são procuradas em outra pessoa.

Uma terceira razão é o fato de que a falta de segurança no lar pode fazer um jovem buscar a intimidade de maneira errada.

Uma quarta razão é a maneira como o divórcio pode fazer com que uma criança se sinta a seu próprio respeito. Os filhos de pais divorciados se sentem rejeitados por seus pais. O sexo permite que o adolescente se sinta importante e desejado por alguém.

Os Filhos Precisam de Ensinamentos Claros sobre Sexo

Quando falta amor no lar, não há muitas conversas úteis. O sexo não é discutido e assim o aprendizado sobre o sexo não é completo. O que é aprendido pode nem mesmo ser verdade. Então os jovens pensam que o sexo é um mistério. Isso faz com que eles desejem explorá-lo.

A Kaiser Family Foundation diz: "Quanto mais você ensina um filho sobre sexo, menos provavelmente ele fará sexo antes do casamento. No entanto, apenas 44% dos pais conversam sobre sexo com seus filhos".[4]

O ensino do sexo de uma maneira inteligente e aberta deve começar em casa. Os jovens precisam saber que as mudanças em seus corpos e as emoções mutáveis que as acompanham são normais. Eles descobrirão, de alguma maneira, como os seus corpos funcionam. Quando os pais e a igreja negam aos filhos os fatos de que eles precisam tomar conhecimento, preparam seus jovens para ter problemas. O aprendizado sobre o sexo deve começar em tenra idade e continuar à medida que o filho cresce.

Muitos pais não entendem quanta influência eles têm sobre as noções sexuais de seus filhos, Um relatório da YMCA mostra que os jovens dizem que 80% de seus valores sexuais vêm de seus pais.[5] O mesmo estudo descobriu que "não passar tempo suficiente" com seus pais é a maior preocupação entre os jovens de hoje.[6]

Os jovens realmente querem encontrar em casa as respostas para as suas perguntas sobre sexo. Os pais precisam realmente ouvir o que seus filhos estão dizendo. Se os pais demonstrarem um interesse real por seus filhos quando eles são jovens, os filhos demonstrarão, mais tarde, um interesse por seus pais.

Ensinar como o Sexo se Enquadra no Plano Completo de Vida

Uma função importante de um pai é explicar qual é o papel que o sexo desempenha no plano de Deus para as nossas vidas. Durante a aula de saúde na escola, as crianças podem aprender a maneira como um bebê é feito. Mas normalmente não vão aprender sobre o plano de Deus para o sexo em suas vidas.

As crianças e adolescentes precisam saber sobre o sexo e sobre o amor, e como eles são diferentes. Cada pessoa tem um desejo de amor, que lhe foi dado por Deus. Quando os filhos veem amor em seus pais, eles aprendem a amar. Há um número excessivo de crianças que crescem aprendendo com seus pais que amar quer dizer: "Consiga o que você quer da outra pessoa. Quando essa pessoa não agir corretamente, deixe-a". Os filhos, então, têm a noção de que o sexo é a mesma coisa que o amor.

Os filhos crescem desejando amar seus pais, mas podem não ter certeza sobre o seu relacionamento. Eles tentam agir de maneira particularmente agradável para que seus pais os amem. Se eles fazem alguma coisa que acham que não vai agradar a seus pais, eles ocultam essa ação. Se eles pensam que ser honesto é algo que irá desapontar seus pais, eles deixam de falar. Toda a ideia que eles têm do amor é baseada em ações. Então, quando um rapaz diz: "Se você me ama, fará sexo comigo", a garota pensa que ela precisa demonstrar o seu amor.

A imagem bíblica do amor é a de dar sem esperar nada em troca. É aceitar a outra pessoa sem condições. Esta é uma confiança que não é baseada em ações. É muito diferente do amor egocêntrico que é ensinado hoje em dia.

Falta de Fatos

Deus aconselha os pais a ensinar a seus filhos as verdades bíblicas. Isso inclui a verdade sobre o sexo. Se os pais não lhes ensinarem, quem fará isso?

Embora a cultura ocidental tenha nascido do cristianismo, agora ela ataca as ideias cristãs. Se os jovens não têm exemplos e ensinamentos cristãos em casa, vão procurar fora de casa. Sem conhecer a Deus e o seu amor, eles se satisfazem com qualquer coisa que pareça amor, mesmo que os prejudique.

O Sexo como uma Expressão de Rebelião

Às vezes, os filhos se revoltam contra seus pais, e o sexo é uma das maneiras pelas quais eles se rebelam. Isso acontece nos lares onde pais e filhos estão normalmente em conflito. Isso também pode acontecer quando os pais estão fazendo o melhor que podem para ensinar e ser exemplos de amor e sexo bíblicos. Os jovens me escrevem sobre a rebelião. Um deles escreveu:

> As pessoas de minha idade fazem sexo porque outros jovens os pressionam ou porque se rebelam contra seus pais. Com base no que vejo em minha escola, alguns pais não se preocupam com os seus filhos. Eles não se preocupam com as companhias de seus filhos, nem com o que eles estão fazendo. O filho se rebela, fazendo alguma coisa que ele acha que ferirá seus pais. Ele não entende que está prejudicando a si mesmo muito mais do que está ferindo outra pessoa.

A rebelião normalmente é causada pela falta de um bom relacionamento. O filho rebelde está reagindo a um relacionamento falho entre os pais e o filho, e entre o pai e a mãe. Um conselheiro familiar e matrimonial concluiu que em cerca de 95% das famílias que têm um filho rebelde, os pais precisam de ajuda em seu casamento. Ele percebe uma melhoria nas ações das crianças quando o relacionamento dos pais melhora.

Estabelecer regras para uma criança ou adolescente não funcionará, se não houver um bom relacionamento entre ele e a pessoa que faz as regras. O filho irá se rebelar, uma vez que ele não acredita que a pessoa que faz as regras tem em mente os melhores interesses para o filho. Quando isso acontece, frequentemente os pais definem ainda mais regras.

Os pais interessados podem tomar atitudes para reparar o relacionamento com um filho rebelde. Primeiro, os pais precisam se lembrar de que as regras sem um relacionamento levam a uma rebelião. Em segundo, reduza o número de regras o máximo possível. Deixe que as crianças saibam que você deseja reconstruir a confiança. Seja cuidadoso, no entanto, para não permitir uma liberdade excessiva. Os maus relacionamentos não se modificarão imediatamente. Os filhos não mudarão apenas porque você espera que eles mudem.

Uma das melhores maneiras de construir um relacionamento é ouvir. Isso mostra que a criança é importante para você. À medida que o relacionamento e a confiança forem reconstruídos, haverá cada vez menos rebelião.

Capítulo 8

Os Jovens em Necessidade Recorrem ao Sexo

Outra razão pela qual os jovens não esperam até o casamento para fazer sexo é o fato de que eles estão tentando satisfazer necessidades emocionais e de relacionamento. Em um estudo, foi perguntado aos jovens: "Por que os jovens que você conhece fazem sexo?" Sessenta e três por cento das garotas e cinquenta por cento dos rapazes responderam: "Eles estão apaixonados".[1]

Muitos jovens dizem que já estiveram apaixonados em algum momento de suas vidas. Quando contam aos seus pais, os pais dizem que eles são jovens demais para saber a respeito do amor, mas os jovens ainda procuram o amor de maneiras que, na realidade, os fazem sofrer. Uma garota em sofrimento me contou a seguinte história:

> Eu confiava em Bobby e supus que ele soubesse até onde nós poderíamos ir, sem fazer sexo. Ele me disse muitas vezes que me amava. Ele tinha certeza de que eu não o amava tanto quanto ele me amava. Foi então que tive que provar que era toda sua. Na primeira vez que fizemos sexo, eu não fazia ideia do que estava acontecendo. Depois que acabou, ele simplesmente se virou e dormiu. Senti-me extremamente sozinha. Eu nunca havia me odiado tanto. Mas era tarde demais para fazer alguma coisa a respeito. O sexo se tornou algo cotidiano. O meu único medo era perder Bobby. Mesmo quando ele me tratava mal, eu estava disposta a fazer qualquer coisa que pudesse para conservá-lo.

Eu o amava, e ele me fez acreditar que sentia o mesmo, mas era mentira. Tudo havia sido um truque. O "amor" de Bobby era um amor egoísta, nada parecido com o amor encontrado em 1 Coríntios 13.4-7 (ARA):

O amor é paciente, é benigno; o amor não arde em ciúmes, não se ufana, não se ensoberbece, não se conduz inconvenientemente, não procura os seus interesses, não se exaspera, não se ressente do mal; não se alegra com a injustiça, mas regozija-se com a verdade; tudo sofre, tudo crê, tudo espera, tudo suporta.

A Bíblia nos mostra como é o amor de Deus. Você se lembra do que nós dissemos no capítulo 1? O amor faz com que a segurança e a felicidade de outras pessoas sejam tão importantes para nós como as nossas. Esse tipo de amor tenta guardar e fortalecer a honra que Deus deu a cada um.

Muitos jovens pensam no amor como uma de duas coisas. Eles pensam que é um sentimento caloroso ou pensam que é um relacionamento que faz com que eles se sintam bem. As duas coisas são egocêntricas e são o oposto da ideia de amor da Bíblia. Para muitos jovens, o "amor" parece ser uma boa razão para fazer sexo antes do casamento.

Um estudo importante revelou que 46% dos jovens cristãos acreditam que se amarem verdadeiramente a alguém, isso fará com que o sexo seja "correto". Esses jovens cristãos certamente não entendem o significado real do amor e o propósito do sexo.[2] Outro estudo revelou que as garotas que fizeram sexo sentem que o amor é a principal razão. Somente 25% dos rapazes concordam. Muitos rapazes, especialmente aqueles que haviam feito sexo, disseram: "Eu fiz sexo porque podia".[3]

A pressão de fazer sexo faz com que a pessoa sinta que a sua vontade de fazer sexo é o teste do amor. Mas o sexo nunca é um teste de amor. O verdadeiro teste do amor está na maneira como nós tratamos as pessoas.

De modo geral, o rapaz e a garota descobrem, posteriormente, que aquilo que pensavam ser amor era apenas excitação sexual. Agora, eles terão que arcar com os resultados. As palavras "Se você me ama, fará sexo comigo" deveriam ser respondidas como estas pessoas responderam:

> Se você me ama, você considerará os meus sentimentos e não me forçará a fazer algo que não estou preparada para fazer.
>
> OK, prove como você me ama, entendendo e considerando os meus sentimentos.
>
> Com amor ou não, o sexo pode resultar em um bebê e isso é importante.
>
> Eu amo você. Mas me sentiria melhor demonstrando isso de outra maneira.

Muitos jovens de hoje estão clamando por amor, de tal maneira que acreditarão em qualquer coisa, e aceitarão qualquer pessoa. A história a seguir, narrada pelo Dr. L. R. Clark mostra até que ponto os jovens irão, para conseguir o amor que procuram:

> Anitra estava no hospital com um grave problema de saúde. Ela tinha 16 anos de idade, e tinha um bebê de 7 meses de idade. O pai do bebê estava preso. Anitra admitiu que havia tentado ter outro bebê com o seu novo namorado. A verdade era que ela achava que uma criança faria com que o seu namorado ficasse com ela. Perguntei a ela sobre os seus desejos para o futuro. Com lágrimas nos olhos, ela respondeu: "Sem bebês e sem homens, o que o futuro tem para mim?"
>
> Embora quisesse chorar com ela, decidi fazer algo mais útil. Pedi que ela fizesse uma lista de coisas em que ela houvesse pensado, mas nunca tivesse tentado fazer. No dia seguinte, Anitra tinha uma lista de 15 coisas à minha espera. Essa lista incluía ser atriz, ser cantora e ser uma enfermeira ou advogada. Então, nós fizemos um plano para ajudá-la a começar alguns de seus interesses. Depois de deixar o hospital, ela postergou os seus planos de ter outro bebê. Ela voltou à sua igreja

e está tentando, com grande esforço, conseguir um futuro para si mesma e para o seu bebê.[4]

Em Busca de Segurança e Valor Próprio

A busca de um jovem por segurança e valor próprio frequentemente assume a forma de sexo antes do casamento. Analise estas mensagens de alguns jovens:

Os pecados contra Deus levam a coisas terríveis. No caso de minha namorada e eu, o sexo feriu a nós dois e prejudicou o nosso relacionamento. Mais tarde, o sexo feriu outras pessoas que não faziam parte do nosso relacionamento. Usei o sexo para sentir que eu tinha algum valor. Todas as vezes que fiz sexo, pensei que isso provava que era aceito por pelo menos uma garota. Recorri ao sexo para aumentar o meu valor próprio, em vez de procurar valor aos olhos do meu Criador. Quando a minha namorada ficou grávida, o meu valor próprio diminuiu ainda mais.

* * * * *

Nunca pense que conseguir o que você quer de alguém aumentará a sua sensação de valor próprio. A Palavra de Deus diz: "Quem achar a sua vida perdê-la-á; e quem perder a sua vida por amor de mim achá-la-á" (Mt 10.39). Descobri que basear o meu valor próprio em qualquer coisa que não seja ser aceito por Deus, isso deixa-me vazio.

* * * * *

Tive muitos relacionamentos sexuais, porém o que mais me feriu foi o ódio que resultou posteriormente desses relacionamentos. Lá no fundo, eu não estava seguro de que as garotas me aceitavam, ou de que eu era um homem. As pressões eram muito fortes. Às vezes, me sentia solitário, se não tivesse uma garota, quando todos os meus amigos tinham.

> Uma garota pode não se sentir segura. Ela conhece o "homem perfeito", mas na realidade este homem tem os mesmos problemas que ela tem. Como nenhum deles sabe o que é o verdadeiro amor, eles confundem o sexo com amor. É quando muitas pessoas da minha idade entram em problemas.

Deus deseja que as nossas necessidades pessoais sejam satisfeitas por Ele e não por outras pessoas. No passado, as pessoas podiam se sentir razoavelmente seguras com a família. Mas isso não é verdade em muitos casos hoje em dia. Agora, a família frequentemente é um lugar de inquietude. As pessoas casadas sabem que ficarão sozinhas se não agradarem seu esposo ou sua esposa. Os filhos que crescem nesse tipo de ambiente não têm segurança. Eles se sentem sem valor. Eles não se sentem livres para serem eles mesmos.

Uma maneira de desenvolver o sentimento de valor próprio é permitir-se a liberdade de falhar, a liberdade de não ser perfeito. Esta liberdade pode estar presente somente quando uma pessoa se sente segura. Essa pessoa se sente aceita por quem é, e não pelo que faz. Uma segurança como esta é o que os jovens necessitam desenvolver em seus relacionamentos. Quando o fizerem, isso será útil para seus casamentos.

Quando duas pessoas se prometem, uma à outra, ambas têm liberdade. Elas não precisam montar um espetáculo para ganhar a aprovação mútua. Então, depois de casadas, elas terão a segurança de serem elas mesmas, de admitir o que não sabem. Elas não terão que ser especialistas em sexo, quando se casarem, porque ambas sabem que é a sua primeira vez. Parte da emoção de iniciar uma vida junto é aprender junto sobre o sexo, guiando e auxiliando um ao outro. Vale à pena esperar por isso.

Sem o casamento, não há segurança para duas pessoas em um relacionamento. Pode haver uma promessa falada, mas se uma pessoa se recusar a cumpri-la através do casamento, as palavras serão apenas palavras. O sexo sem esse compromisso final não construirá segurança. Ele não fará com que a pessoa seja responsável por seus atos. Essa pessoa não se aceitará como a única pessoa que é amada, aconteça o que acontecer. Em vez disso, ela só terá valor por aquilo que puder fazer. Isso é contra tudo o que Deus quer em um relacionamento entre duas pessoas.

Em Busca de Intimidade Pessoal

Outra razão pela qual os jovens correm para o sexo é o esforço para encontrar intimidade pessoal em um relacionamento. Os jovens querem se sentir próximos de outra pessoa. Eles querem ter uma conexão emocional e querem se sentir particularmente amados.

O alto nível de atividade sexual entre os jovens mostra como a nossa cultura é incapaz de sentir a verdadeira intimidade pessoal. A conexão emocional é o objetivo. O sexo é o meio. Está claro que um ato físico não pode ajudar ninguém a alcançar um objetivo emocional.

Mas para um jovem que busca intimidade pessoal, isso pode parecer razoável.

O que é intimidade pessoal? Uma garota de 15 anos descreveu a intimidade pessoal como um "lugar onde é seguro ser verdadeiro". Uma garota de 16 anos disse que a intimidade pessoal é "poder ser verdadeira com outra pessoa". Muitos jovens não querem o sexo tanto quanto querem um relacionamento íntimo e carinhoso com outra pessoa. Eles simplesmente não sabem como encontrá-lo.

O principal problema na nossa cultura não é sexual. É um problema de relacionamento. Nós permitimos que a nossa cultura nos diga que a única maneira de encontrar a intimidade pessoal é tocando outro corpo.

Muitas pessoas não entendem o que é a verdadeira intimidade pessoal e têm medo disso. Por que as pessoas temem a intimidade pessoal? Porque a intimidade pessoal é vista como fraqueza. Compartilhar emoções significa falar sobre nós mesmos. Para muitos de nós, a ideia de nos expor é algo temeroso. Muitos jovens compartilham os seus corpos porque têm medo de compartilhar a si mesmos. Como muitas pessoas mais velhas, eles confundem a excitação do sexo com a intimidade pessoal do amor.

A verdadeira intimidade pessoal é o resultado de permitir que outra pessoa veja quem você é. Se você não se sente bem a seu respeito, você se conservará oculto e nunca terá intimidade pessoal. Somente uma pessoa com uma boa sensação de segurança poderá ter intimidade pessoal.

A verdadeira intimidade pessoal significa ser capaz de remover tudo aquilo que nos esconde, sem temer a rejeição. Então poderemos ser conhecidos e amados, como realmente somos. O primeiro passo para essa intimidade é um relacionamento transformador de vida com Jesus Cristo.

Em Busca de Amizade

A busca de intimidade pessoal é uma busca de amizade. As pessoas querem escapar da solidão que perturba a nossa cultura. Os jovens são os que mais sofrem a dor da solidão. As garotas sofrem mais do que os rapazes. Esta é outra razão pela qual os jovens se envolvem com o sexo antes do casamento.

O sexo antes do casamento normalmente é uma busca de um relacionamento fiel e não de sexo. No entanto, o sexo pode remover a solidão durante algum tempo. O temor de se sentir sozinho outra vez faz com que os jovens continuem fazendo sexo para conservar essa pessoa. Mas o que eles realmente estão procurando é amor e amizade. Um estudante escreveu o que penso que é verdade para muitos jovens, hoje em dia: "Eu quero alguém que se importe. Eu quero amar, e quero ser amado, mas não sei como fazer nem uma coisa nem outra".

As mães jovens e solteiras que ficam com seus bebês normalmente fazem isso para satisfazer a sua própria necessidade de amizade. Elas querem ter um filho para amar, e que as ame em retribuição. Uma das necessidades que Deus criou nas pessoas é a necessidade de amizade. Uma das primeiras coisas que Deus disse sobre nós foi: "Não é bom que o homem esteja só" (Gn 2.18). A solidão não fazia parte dos desígnios de Deus para nós.

Quando admitimos que estamos sozinhos e temos uma necessidade de relacionamento, então estamos a caminho de satisfazê-la. Mas um desejo dado por Deus pode ser satisfeito apenas à maneira dEle.

Em Busca de uma Maneira de Escapar do Medo da Rejeição

Quando a vida dos jovens está baseada em Cristo, eles conseguem se sentir bem consigo mesmos. Quando o bom sentimento se baseia em um relacionamento humano, os jovens podem se tornar dependentes desse relacionamento. Eles se sentem bem, enquanto o relacionamento vai bem. Eles têm medo e se sentem rejeitados quando as coisas ficam difíceis.

Se os relacionamentos estiverem baseados em ações, as pessoas que são levadas a agir não estarão em relacionamentos de amor. Elas nunca podem se sentir à vontade e seguras. Elas nunca podem ser elas mesmas. Os jovens que estão em um relacionamento desse tipo precisam sair dele imediatamente. Os que "fazem sexo" por medo da rejeição estão tentando comprar segurança com seus corpos.

Os jovens vivem em um mundo que exige satisfação imediata. Não é de surpreender que eles estejam cheios de medo de que, postergando o sexo até o casamento, eles estejam sendo enganados. Eles são levados a crer que o sexo é a melhor coisa na vida, e que, sem ele, podem morrer fracassados. Assim, eles fazem sexo, mas acabam vazios. Então, eles fazem mais sexo, para não ficar atrás de seus amigos. Sem Deus e sem a sua Palavra, eles não sabem fazer outra coisa.

Outra razão para o sexo antes do casamento é o medo de nunca encontrar um amigo permanente em um mundo que está sempre mudando. O medo é, na verdade, um problema de paz interior. Quando as pessoas pensam que, modificando a sua situação, encontrarão felicidade, elas estão se enganando. Se não estão em paz na sua situação atual, não estarão em paz quando a mudança vier. A Bíblia diz que a paz completa é possível sem o casamento (leia 1 Co 7). Somente Deus pode nos dar a paz. O casamento não é indispensável. Nem o sexo.

Em Busca de uma Conexão Espiritual

A Bíblia nos diz que o sexo é um ato espiritual, além de um ato físico. Provavelmente é por isso que algumas pessoas tentam encontrar a unidade espiritual por meio do sexo. Quando duas pessoas são dedicadas a Deus e postergam o sexo até o casamento, a sua conexão sexual é parte de sua conexão espiritual. Deus fica satisfeito e abençoa essas pessoas.

A unidade de espírito com outra pessoa pode ser boa somente se estiver baseada na unidade espiritual com Deus. As pessoas que buscam a intimidade espiritual com outra pessoa, desobedecendo a regras bíblicas, estão destruindo o seu relacionamento com Deus. Deus espera que as pessoas se aproximem umas das outras, espiritualmente. É por isso que nós oramos juntos, ajudamos uns aos outros no nosso andar com Cristo e discutimos interesses espirituais. Esses atos nos aproximam de Deus.

O sexo antes do casamento produz culpa e nos separa de Deus. O sexo pode ser uma bênção somente quando for uma parte do plano de Deus, quando for um ato de amor dentro de um casamento. Os jovens que buscam ajuda espiritual em suas vidas, pelo sexo, precisam, em vez disso, recorrer a Deus e estar firmemente enraizados nEle.

Capítulo
9

Todo o Mundo Está Fazendo, então por que Deveríamos Esperar?

Uma das maiores pressões sobre os jovens de hoje é a pressão para fazer sexo. Os jovens ouvem que todo mundo está "fazendo" e eles não querem ser diferentes. Eles pensam que se fizerem o que os outros estão fazendo não se sentirão tão sozinhos.

A ideia de que todo mundo está fazendo suscita duas importantes perguntas. Em primeiro lugar, é verdade que todo mundo está fazendo? Em segundo lugar, os que estão fazendo estão gostando? Um estudo conduzido pela revista *Seventeen* tentou responder a essas duas perguntas. As pessoas que fizeram o estudo conversaram com quinhentos rapazes e quinhentas garotas na faixa etária entre 13 e 21 anos.

Setenta e três por cento das garotas no estudo disseram que fariam sexo apenas se seus namorados as pressionassem. Sessenta e sete por cento das garotas disseram que já eram sexualmente ativas. Oitenta e um por cento das garotas que eram sexualmente ativas disseram que lamentavam ter feito sexo.[1]

Alguns jovens são levados a crer que são os últimos jovens do país que ainda não fizeram sexo. Mas isso não é verdade. Entre 20 e 35% dos jovens nunca fizeram sexo. Para os jovens cristãos, este índice está entre 30 e 45%.

Nós podemos deduzir quatro coisas desses números. Primeiro, a nossa cultura está passando por uma mudança quase completa de valores. Segundo, muitos jovens cristãos estão seguindo a cultura, em vez de obedecer aos mandamentos de Deus. Terceiro, os jovens cristãos que não acompanham a cultura não estão ficando de lado. Eles são os que resistem à cultura. E, em quarto, até 35% dos jovens não estão acompanhando a cultura. Para os jovens cristãos, esse número chega a 45%.

Os jovens que pensam que todos estão fazendo isso estão olhando para os lugares errados. Eles deveriam estar olhando para irmãos ou irmãs mais velhos, que podem não estar fazendo. Eles deveriam estar procurando outros jovens de sua idade, que não estão fazendo. A igreja é o melhor lugar onde procurar.

Muitos dos jovens que estão fazendo sexo não estão gostando disso tanto quanto somos levados a crer. Para algumas garotas, o sexo é algo doloroso. Elas passam por isso apenas para agradar um rapaz de quem gostam. Elas não apreciam o sexo enquanto ele está acontecendo e as suas consciências as magoam mais tarde. Elas não se sentem bem consigo mesmas. A dor frequentemente é maior que o ganho.

Os jovens que não são sexualmente ativos e se sentem deixados de lado devem pensar sobre si mesmos de uma nova maneira. Em vez de se sentir fora de sintonia com a cultura, eles devem entender que a cultura está fora de sintonia com Deus. Aqui estão algumas das maneiras como os jovens estão respondendo à afirmação de que todo o mundo está fazendo:

> Eu não sou todo mundo. Eu sou eu. Além disso, não acredito que todo o mundo esteja fazendo sexo. Penso que isso é apenas conversa fiada.

* * * * *

> Se todo mundo está fazendo, então você não deveria ter muita dificuldade em encontrar outra pessoa com quem fazer.

* * * * *

> Sim, eu posso ver que cada vez mais garotas estão engravidando.

* * * * *

"Todo o mundo está fazendo" é uma razão muito ruim para fazer alguma coisa. Essa pressão não me afeta, porque não quero o que "todo o mundo" tem. Não quero ter nenhuma doença sexualmente transmissível, nem o divórcio, nem um lar destruído. Não quero ficar grávida antes de me casar.

* * * * *

A frequência com que algo acontece não demonstra o seu valor. Por exemplo, vamos supor que muitas pessoas ficam com câncer. Isso quer dizer que eu deveria desejar ter câncer?

Mas sejamos honestos. Poucos jovens são corajosos o suficiente para apresentar qualquer dessas respostas à pressão para fazer sexo. Eles estão procurando maneiras de se adequar e ser aceitos. Eles não querem ser diferentes.

O nosso mundo diz, "Se for gostoso, faça!" No reino de Deus, no entanto, o mandamento é: "Santos sereis, porque eu, o Senhor, vosso Deus, sou santo" (Lv 19.2). Nós precisamos decidir qual caminho vamos tomar.

A Pressão para Ser como os Outros

Os jovens me escrevem sobre a pressão para ser suficientemente bons.

Os nossos pais e os nossos professores nos fazem sentir que não somos suficientemente bons se não tivermos boas notas na escola. Os nossos amigos nos pressionam da mesma maneira, para que façamos sexo.

* * * * *

A pressão dos nossos amigos é a maior. Eles nos chamam de covardes e caretas. Eles riem do nosso medo de engravidar.

* * * * *

A coisa mais importante da vida é aquilo que os nossos melhores amigos pensam sobre nós.

Os jovens querem usar o mesmo tipo de sapatos que seus amigos usam. Eles querem cortar seu cabelo da mesma maneira e usar o mesmo tipo de roupas. Eles querem ver os mesmos programas de televisão e os mesmos filmes. Eles querem ser exatamente como os seus amigos. Quando seus amigos estão fazendo sexo, eles sentem a pressão para também fazer sexo.

Os jovens de hoje passam a maior parte do seu tempo com outros jovens. Isso é verdade, até mesmo na igreja. Isso significa que as maiores influências em suas vidas são outros jovens e a cultura popular. Quando essas influências dizem "faça sexo", é difícil para o jovem recusar.

Os jovens que estão tentando se encaixar no mundo precisam se ver como Deus os vê. Eles precisam entender que o seu valor como pessoas não está baseado na sua disposição de fazer sexo. Eles precisam entender que são especiais aos olhos de Deus. Então eles serão capazes de tratar os outros como pessoas especiais também.

A Pressão de um Namorado ou de uma Namorada

Provavelmente, a maior pressão que os jovens enfrentam sobre o sexo é a pressão de um namorado ou uma namorada. De acordo com um estudo, mais de metade dos jovens que haviam feito sexo disseram que fizeram sexo pela primeira vez com um namorado ou uma namorada firme.[2] ("Firme" significa que um rapaz promete não sair com outras garotas e a garota promete não sair com outros rapazes). As garotas sentem essa pressão mais do que os rapazes. Elas podem sentir que "devem" isso ao rapaz. Ou elas podem ter medo de que o rapaz as abandone, se elas não fizerem o que ele deseja.

Aqui estão alguns fragmentos de cartas que algumas jovens me enviaram:

Eu tinha medo, mas queria agradá-lo, para não perdê-lo. A primeira vez foi o maior engano da minha vida. Depois disso, o desejo de amor se tornou tão forte que não mais pude me opor ao sexo.

* * * * *

Algumas de minhas amigas fazem sexo porque têm medo de perder seu namorado, ou de que um rapaz não as convide para sair uma segunda vez. Algumas delas vão contra o que pensam ser correto se acreditarem que o relacionamento corre perigo.

* * * * *

Decidir não fazer sexo pode significar o fim de um relacionamento. Mas normalmente significa que o relacionamento não deveria ter continuado, de qualquer forma.

E aqui estão algumas maneiras como as garotas responderam à pressão de seus namorados:

Explico que ainda não estou pronta para o sexo. Digo alguma coisa como: "É fácil para você nunca mais me telefonar nem falar comigo, mas eu terei que viver comigo pela manhã".

* * * * *

Se é assim que você se sente, vou sentir a sua falta, mas é assim que deve ser.

* * * * *

Se tudo o que eu represento para você é um corpo com quem você faz sexo, talvez devêssemos considerar um exame mais atento dos motivos pelos quais estamos juntos. Você não tem direito de me usar.

O amor verdadeiro quer dar e ajudar. Ele honra a outra pessoa e faz com que ela se sinta bem consigo mesma. O amor verdadeiro pensa sobre os resultados de uma ação. Ele sempre age de acordo com os melhores interesses da outra pessoa.

É muito frequente que os jovens usem o sexo como uma maneira de escapar dos problemas. Mas fazer sexo traz um novo conjunto de problemas. Em vez de fazer sexo, o jovem deveria lidar com o seu problema de uma maneira eficaz. O primeiro passo para lidar com um problema é admitir que existe um problema e que ele tem um mau resultado. A seguir, o jovem deve tentar entender por que o problema existe. Finalmente, ele deve procurar ajuda com alguém que é capaz de lhe mostrar como lidar com essa dificuldade.

Deus deu ao jovem cristão três auxílios para lidar com os problemas. A Bíblia, o Espírito Santo e os relacionamentos de amor com a família e a igreja.

A Pressão da Educação Sexual na Escola

Um rapaz do primeiro ano do Ensino Médio me deu a seguinte informação:

> A enfermeira da escola dava aulas de educação sexual. Certo dia, ela estava nos falando sobre todas as formas de impedir uma gravidez. Ela concluiu, dizendo: "A única maneira que é 100% segura é não fazer sexo, mas não podemos esperar que os jovens se guardem até o casamento".

Esta é a opinião da nossa cultura, que não podemos esperar que os jovens esperem até o casamento para fazer sexo. É por isso que a educação sexual deve começar em casa. Os pais e as igrejas devem dar aos seus jovens boas razões para se conservarem puros.

Nos últimos seis capítulos, estivemos examinando seis razões principais pelas quais os jovens não esperam até o casamento para fazer sexo. Nos seis capítulos seguintes, comentaremos algumas das mais importantes razões pelas quais eles devem esperar.

Capítulo 10

A Proteção e a Provisão de Deus

Dana tem 18 anos de idade. Este é o primeiro ano em que ela mora longe de casa, para ir à escola. Ela tem diversas tarefas e ainda obtém notas excelentes. Este é um ano muito emocionante para ela, particularmente porque ela tem um namorado muito bonito, Troy. Eles namoram há oito meses e já se conhecem bem. Eles ainda não fizeram sexo, mas ambos sentem o desejo de fazê-lo. Ela está sentindo a pressão de todos os lados para fazer sexo.

Quando Troy convidou Dana para viajar com ele durante alguns dias, ela sabia exatamente o que ele queria dizer. Ela sabia que os seus pais não aprovavam o sexo antes do casamento. Ela nunca havia pensado em ir contra os desejos deles. Mas agora ela está começando a ter dúvidas. Todas as suas amigas lhe dizem que ela deve fazer sexo. A sua melhor amiga diz: "Se vocês estão planejando se casar, não há razão para esperar". Todos os meios de comunicação concordam: "É o seu corpo e você é livre para decidir. Faça o que você achar que é certo".

Com todas essas vozes puxando-a para um lado, Dana não tem certeza do que deve fazer. No entanto, há uma voz que ela ainda não considerou. Ela ainda não considerou o que Deus tem a dizer sobre o sexo antes do casamento. Se eu a lembrar disso, no entanto, ela poderá dizer: "Você está falando sobre regras. Eu estou falando de amor".

Eu diria a Dana que também estou falando de amor. Eu não estou falando do amor que Troy tem por ela, mas estou falando do amor que Deus sente por ela. O Deus que criou o mundo também criou Dana. Há muito tempo, Davi escreveu: "Pois possuíste o meu interior; entreteceste-me no ventre de minha mãe" (Sl 139.13). Ele disse: "Senhor, tu me sondaste e me conheces. Tu conheces o meu assentar e o meu levantar; de longe entendes o meu pensamento" (Sl 139.1,2).

Deus não apenas nos criou, mas Ele também nos ama. "Porque Deus amou o mundo de tal maneira que deu o seu Filho unigênito, para que todo aquele que nele crê não pereça, mas tenha a vida eterna" (Jo 3.16). Sempre que Deus nos diz o que devemos fazer, Ele faz isso porque nos ama.

Dana poderia dizer: "Não acredito que Deus me ame. Se Ele me amasse, por que Ele diria "não faça" tantas vezes na Bíblia? Ele só quer me impedir de me divertir. Isso não é amor. Essa é a maneira como muitos jovens se sentem a respeito de Deus. Deixe-me contar a você como respondo a esse argumento.

Deus Prova o seu Amor Dizendo "Não"

Pense na vida de Cristo, como apresentada nos Evangelhos de Mateus, Marcos, Lucas e João. Ele viveu fazendo o bem. Ele forneceu a bebida para uma festa de casamento (Jo 2.1-11). Por duas vezes, Ele deu de comer a multidões de pessoas quando elas estavam com fome (Mt 14.13-21; 15.29-39). Ele deu a visão aos cegos e audição aos surdos. Ele curou todos os tipos de doenças. Ele até mesmo ressuscitou vários mortos. Ele era conhecido como o Amigo dos pecadores (Lc 7.34). Ele nunca fez nada para ferir ninguém.

Nunca se esqueça de que Deus sempre nos trata com um coração amoroso. Ele não se limita a dizer que nos ama. Ele nos mostra o seu amor de muitas maneiras. Nós podemos não acreditar nEle, todavia não temos nenhuma boa razão para não acreditar nEle.

Os pais mostram o seu amor pelos seus filhos dizendo: "Não brinque na rua". A criança tola pode pensar que seus pais a estão impedindo de se divertir. Mas o que há de tão divertido em ser atropelado por um caminhão? A criança sábia irá confiar em seus pais e obedecer, mesmo quando não entender. Algum dia, ela entenderá a necessidade de tal regra. Então, ela certamente concordará que foi melhor obedecer a seus pais. Ela pode até mesmo agradecer a eles, porque eles a amaram o suficiente para criar tal regra.

Da mesma maneira, Deus mostra o seu amor, dizendo que não devemos fazer as coisas que Ele sabe que irão nos ferir. Se formos sábios, obedeceremos a Ele, mesmo que não entendamos a proibição. Nós obedeceremos, mesmo que todos ao nosso redor não estejam obedecendo. Nós obedecemos a Deus porque sabemos que Ele nos ama e tem em mente os nossos melhores interesses.

Aqui está o que um jovem me escreveu:

> As pessoas acham que os mandamentos de Deus existem para impedir que elas se divirtam. Nós precisamos ouvir a maneira como Deus respondeu à sua própria pergunta: "E qual dentre vós é o homem que, pedindo-lhe pão o seu filho, lhe dará uma pedra? E, pedindo-lhe peixe, lhe dará uma serpente? Se, vós, pois, sendo maus, sabeis dar boas coisas aos vossos filhos, quanto mais vosso Pai, que está nos céus, dará bens aos que lhe pedirem?" (Mt 7.9-11).

As Regras de Deus nos Protegem e Cuidam de nós

Pensar que as regras de Deus nos impedem de nos divertir é como um peixe em um aquário de vidro. O dono do peixe o alimenta e troca a água com frequência para mantê-la limpa e fresca. Ele coloca o aquário em um lugar seguro, para que o gato não pegue o peixe. Ele coloca o aquário onde ele ficará aquecido na estação fria do ano e refrescado na estação quente do ano. Tudo o que o peixe poderia querer está bem ali, no aquário.

Imagine, no entanto, que o peixe olhasse para o mundo fora do aquário e decidisse que queria estar lá fora. Dia após dia, ele pensa apenas em obter a sua liberdade. Ele sonha com as coisas emocionantes que poderia fazer, se não estivesse aprisionado no aquário. Finalmente, um dia, ele salta. Ele está fora do aquário e no chão. Mas em vez de desfrutar da sua liberdade, logo ele está morto.

O peixe teria feito muito melhor se tivesse ficado dentro dos limites que um dono sábio estabeleceu para ele. Deus é o nosso dono. Nós faremos bem se ficarmos satisfeitos em permanecer dentro dos limites que Ele estabelece para nós. As suas regras existem para nos proteger e cuidar de nós. Elas nos protegem do mal e satisfazem todas as nossas necessidades.

Deus criou o mundo e também a nós. Ele criou o sexo para o nosso prazer. Mas como Ele sabe que o sexo usado da maneira errada pode levar a grande danos, Ele nos deu regras para guiar as nossas ações. Enquanto obedecermos a essas regras, estaremos seguros e poderemos desfrutar do sexo da maneira plena. Se desobedecermos às regras de Deus sobre o sexo, sofreremos os resultados.

Há apenas uma grande regra a respeito do sexo: não fazer sexo fora do casamento. As outras regras sobre o sexo somente nos mostram como colocar essa regra em ação em nossas vidas.

Capítulo 11

As Razões Físicas para Esperar

As pessoas que fazem sexo antes do casamento não podem, realmente, ser livres para aproveitar o sexo. Isso é porque elas não conseguem escapar aos resultados físicos. Esses resultados são de dois tipos. Um tipo é o das doenças sexualmente transmissíveis (DSTs). O outro tipo de resultado é o das dificuldades que acompanham uma gravidez indesejada. Os jovens que esperam até o casamento têm a proteção de Deus contra os dois tipos. Eles também desfrutam da bênção de um relacionamento isento de culpa em seu casamento no futuro.

No plano perfeito de Deus para o sexo, tudo é bom e proveitoso. O sexo une um esposo e uma esposa de uma maneira que nenhuma outra coisa pode unir. É por isso que Deus nos diz que devemos esperar até o casamento. Ele não deseja que arruinemos uma coisa boa.

O sexo dentro do casamento está de acordo com os desígnios de Deus, e desta maneira, é bom. O sexo fora do casamento está fora dos desígnios de Deus e por isso não pode realmente ser bom. Ele pode parecer bom no momento, mas trará danos irreversíveis à vida dos jovens.

Um estudo mostra que as pessoas que mais estão satisfeitas com a sua vida sexual são pessoas casadas.[1] Elas acreditam que o sexo fora do casamento é errado. Esta é apenas uma evidência da provisão e da proteção de Deus dentro do casamento.

Doenças Sexualmente Transmissíveis

Os jovens devem esperar até o casamento para fazer sexo. Muitos jovens que não esperam contraem uma DST. Isso pode ser devido ao fato de que eles não entendem o perigo de fazer sexo fora do relacionamento permanente de um casamento. Um estudo mostrou que as garotas não eram influenciadas, mesmo quando sabiam tudo sobre as DSTs.[2] Elas conheciam os fatos, mas não entendiam os perigos.

Uma pessoa pode ser portadora de uma ou mais DSTs e nem mesmo saber disso. Se outra pessoa faz sexo com ela, poderá contrair até mesmo cinco DSTs diferentes em apenas uma relação sexual.[3] Há alguns anos, havia apenas cinco tipos de DSTs. Agora existem mais de vinte e sete tipos.

Há alguns anos, uma pessoa que fizesse sexo fora do casamento não precisava se preocupar muito com as DSTs. Não eram muitas as pessoas que sofriam de uma DST. Isso mudou, à medida que cada vez mais pessoas estão fazendo sexo com mais pessoas, sem ser marido e mulher. Agora, milhões de pessoas por ano podem contrair uma DST. Quando duas pessoas fazem sexo, elas estão, na realidade, se envolvendo sexualmente com todas as pessoas com quem a outra pessoa já fez sexo. Isso explica por que as DSTs estão se espalhando tão rapidamente.

Uma mulher com uma DST que engravida provavelmente dará à luz antes que o bebê esteja completamente formado. Quando o bebê nasce, provavelmente terá graves problemas de saúde.

O sexo fora do casamento é mais do que um pequeno problema. As DSTs podem matar! A DST mais perigosa é a AIDS. Das 513.486 pessoas dos Estados Unidos que tinham AIDS em dezembro de 1995, mais de 62% (319.849) haviam morrido em 2002. Isto é, três de cada cinco pessoas com AIDS morreram em apenas sete anos.

Outros tipos de DSTs podem causar alguns tipos de câncer. Isso também pode levar à morte.

HIV/AIDS

O HIV é uma condição que enfraquece o corpo, de modo que ele não consegue combater doenças. Uma pessoa com AIDS se sentirá cansada e terá febre. Ela perde o interesse em comer, e assim, perde peso. Ela pode ter dores de cabeça e pode frequentemente desejar dormir quando deveria estar acordada. Ela ficará fraca e se sentirá doente. Ela acabará morrendo de uma doença que contraiu porque ela tem AIDS. Não há cura. No entanto, os novos tratamentos médicos podem ajudar uma pessoa que sofre de AIDS a viver mais tempo do que era o caso há alguns anos.

Muitas pessoas que contraem o vírus HIV o fazem de uma de três maneiras. Elas podem ser infectadas usando drogas. Elas podem ser infectadas em uma transfusão de sangue, recebendo o sangue de alguém que tem o vírus HIV. Ou podem ser infectadas fazendo sexo com alguém que tem o vírus HIV.

Em 1996, a Organização Mundial de Saúde relatou:

> Há mais de três milhões de novos casos de AIDS. A maioria dessas pessoas tem menos de 25 anos... Os novos casos trazem o número de pessoas que sofrem de AIDS à casa de 23 milhões. Nos quinze anos que se passaram depois que a AIDS foi descoberta, 6,4 milhões de pessoas morreram dessa doença. Um milhão eram crianças... Dos 8.500 novos casos diários, 1.000 são de crianças. Aproximadamente 42% de toda as pessoas que vivem com o vírus HIV são mulheres e esta porcentagem está aumentando.[4]

Um relatório posterior da Organização Mundial de Saúde mostrou:

- Em 1999 havia 5,4 milhões de novos casos de HIV.

- Havia 34,3 milhões de pessoas que viviam com HIV/AIDS.

- Em 1999, 2,8 milhões de pessoas morreram devido à AIDS.

- Entre 1981 e 1999 houve 18,8 milhões de mortes devidas à AIDS.

A proteção de Deus desta doença mortal é uma boa razão para que os jovens digam "não" ao sexo antes do casamento. Aqui estão algumas outras coisas importantes que você deve saber sobre HIV/AIDS:

- A AIDS é a principal causa de morte para norte-americanos na faixa etária dos 25 aos 44 anos.[5] Muitos deles contraem o HIV antes dos 20 anos de idade.[6]
- Quatro de cada dez pessoas infectadas com HIV não contam a sua condição à pessoa com quem desejam fazer sexo.[7]
- As pessoas que têm outra DST têm uma probabilidade maior de contrair HIV.[8]
- Os bebês nascidos de mulheres infectadas com HIV têm uma grande probabilidade de se infectar com o vírus HIV quando nascem.[9]
- A cada ano, milhares de novas mães infectadas com HIV/AIDS morrem quando dão à luz.

Um dos grupos de doentes de AIDS de maior crescimento na América do Norte é o dos jovens. Muitos deles são rapazes que fazem sexo com outros rapazes. Mas muitas garotas também têm HIV/AIDS.[10]

Clamídia

A clamídia é outra DST. Ela foi observada nos Estados Unidos, pela primeira vez, em 1995. Em 1998 havia 1.665 novos casos registrados a cada dia. Cinco por cento dos jovens sexualmente ativos contraem clamídia a cada ano. As jovens entre os 16 e os 19 anos têm a mais alta probabilidade de ter clamídia.

A clamídia veio a ser uma das mais comuns DSTs na América de Norte e uma das mais perigosas. Ela é mais comum entre os jovens com idade inferior a 20 anos. Pelo menos 10% dos jovens sexualmente ativos têm clamídia. Eles podem tê-la durante anos sem saber disso.

Oitenta por cento das garotas e 40% dos rapazes que têm clamídia não sabem que sofrem da doença.[11] Embora elas não saibam que têm clamídia, ainda podem transmiti-la a outras pessoas pelo sexo. Como muitas pessoas podem ter clamídia sem saber disso, não é possível saber exatamente quantos jovens têm essa doença.

Quando uma pessoa tem clamídia, pode não ser capaz de ter filhos. Isso pode parecer uma bênção para as pessoas que não são casadas, mas depois que se casam e desejam iniciar uma família, pode não ser uma notícia tão boa assim. E mesmo que uma mulher engravide, o filho pode morrer, ou nascer com graves problemas de saúde. Às vezes, a mãe morre quando o bebê nasce.

Há um remédio que pode curar a clamídia, mas a pessoa pode voltar a contrair a doença.[12] Na verdade, 40% das jovens que foram curadas contraem a doença outra vez dentro de 14 meses.[13] Cada vez que uma mulher tem clamídia, ela tem uma probabilidade maior de não conseguir ter filhos no futuro.

Como acontece com outras DSTs, nenhum jovem precisa ter clamídia. Há dois passos para se proteger dessa doença. Primeiro, espere até o casamento para fazer sexo. Segundo, tanto o esposo como a esposa devem permanecer fiéis, um ao outro, no casamento.

DIP

Nas garotas, a clamídia pode resultar em uma condição conhecida como DIP (Doença Inflamatória Pélvica). A DIP também pode ser o resultado de ter tido gonorreia. Falaremos sobre a gonorreia a seguir. As meninas de quinze anos têm uma probabilidade muito maior de ter DIP do que as mulheres mais velhas sob as mesmas condições. Uma garota de 15 anos tem 12% de probabilidade de contrair DIP ao fazer sexo. Uma mulher de 24 anos tem uma probabilidade inferior a 2% .[14]

Uma garota com DIP sentirá uma dor que não diminuirá até que ela seja tratada por um médico. Alguns casos de DIP podem ser curados com remédios. Os casos mais difíceis só podem ser curados por meio de cirurgia. A cirurgia deixa a jovem impossibilitada de ter filhos. Mesmo sem a cirurgia, no entanto, ela pode nunca conseguir ter filhos. Uma em cada sete mulheres que já tiveram DIP nunca poderá ter filhos.[15] Se uma mulher tiver DIP três vezes, há uma probabilidade de 75% de que ela nunca consiga engravidar.[16]

Se uma jovem que tem DIP engravidar, pode ser difícil para ela dar à luz. Isso pode causar a morte do bebê. Às vezes, causa também a morte da mãe.

A garota que espera para se relacionar sexualmente depois do casamento está protegida da DIP.

Gonorreia

A gonorreia é uma das DSTs mais comuns. É também uma das mais antigas. Ela existe há pelo menos dois mil e quinhentos anos. Agora ela é tão comum por todo o mundo que há 250 milhões de novos casos a cada ano. Apenas nos Estados Unidos há 750.000 novos casos registrados a cada ano. Mas como muitos casos nunca são registrados, pode haver até três milhões de novos casos a cada ano.

A única maneira de contrair gonorreia é tendo relação sexual com uma pessoa que tenha a doença. Mas nada menos que 80% das mulheres que têm gonorreia não apresentam nenhum sinal da doença.[17] Isso significa que elas podem transmiti-la a outras pessoas sem nunca saber que estão fazendo isso. Quando um rapaz faz sexo com uma jovem que tem gonorreia, há uma probabilidade de 30% de que ele contraia a doença. Mas quando uma garota faz sexo com um rapaz que tem gonorreia, há uma probabilidade de 90% de que ela contraia a doença.[18]

Como no caso da DIP, as garotas entre 15 a 19 anos de idade têm uma probabilidade de contrair a doença maior do que as mulheres mais velhas.[19] Muitos jovens acreditam que o uso de preservativos os protegem de contrair a gonorreia, mas isso é apenas parcialmente verdade. Muitas vezes, o preservativo não protege.

A gonorreia, por si só, não é tão nociva como muitas outras DSTs. O problema é que a gonorreia abre a porta para algumas das doenças mais danosas. Isto é, uma pessoa que tem gonorreia tem maior probabilidade de contrair HIV ou herpes.[20]

No entanto, a gonorreia tem alguns efeitos nocivos. A dor, particularmente a dor nas costas, é comum. Muitas jovens que tiveram gonorreia apenas uma vez, nunca poderão ter filhos. E se uma pessoa teve gonorreia uma vez, há uma probabilidade maior de que a contraia outra vez. Isso apenas aumenta a probabilidade de que uma jovem nunca possa ter filhos. Mesmo que ela tenha um filho mais tarde, a criança pode nascer cega.

Herpes Genital (HSV)

Esta doença quase sempre é contraída fazendo sexo. Uma mãe também a pode transmitir ao seu bebê.[21] Entre 50 e 90% das pessoas que têm esta doença não sabem que a têm. Um médico só pode diagnosticar esta doença por meio de exames de laboratório. Não existe cura para a HSV. As pessoas que têm a doença às vezes parecem ter se livrado dela, somente para vê-la retornar mais tarde. Os preservativos fazem pouco para evitar a transmissão da HSV.[22]

Cerca de 45 milhões de pessoas nos Estados Unidos têm esta doença. Isso significa que um em cada seis norte-americanos tem a doença. As mulheres que têm HSV têm uma probabilidade oito vezes maior de ter câncer do que as que não sofrem de HSV.[23] A HSV é um mais frequente em mulheres do que em homens.

Pense nisso: aproximadamente uma em cada seis pessoas que você vê todos os dias sofre de HSV. Muitas delas nem mesmo sabem disso e por isso continuam a transmiti-la a outras pessoas, por meio da relação sexual. Para muitas pessoas que têm HSV, a doença vem e vai, várias vezes por ano. A frequência diminui com o passar dos anos. Depois de oito anos, normalmente a HSV retorna apenas três vezes por ano.

Um estudo revelou que 46% de todos os negros norte-americanos com mais de 11 anos de idade apresentam evidências de ter HSV.[24]

Os bebês podem ser infectados por suas mães, e mesmo com o tratamento correto, até 54% dos bebês morrem. Os que sobrevivem podem ter problemas durante muito tempo. A sua capacidade de raciocínio pode não funcionar tão bem e eles podem ter problemas de aprendizado. Eles também podem ficar cegos.[25]

Um professor da George Washington University relata "sentimentos muito profundos de culpa" entre as mulheres que têm essa doença. Muitas delas dizem que se sentem impuras e sujas. A única maneira de estar completamente a salvo da HSV é não fazer sexo antes do casamento. Casar-se com uma pessoa que não fez sexo antes do casamento. Permanecer com o mesmo cônjuge durante a vida toda.

Verrugas Genitais, Devido ao HPV

Como acontece com muitas DSTs, muitas pessoas que têm o HPV não sabem que têm a doença. Às vezes, apenas um médico pode reconhecer se uma verruga é uma verruga genital. As verrugas genitais são a DST mais comum, mas podem ser tratadas e curadas. No entanto, pode haver uma dificuldade nos primeiros estágios da doença e para isso não há solução. O Instituto Nacional de Saúde dos Estados Unidos diz: "Os preservativos não proporcionam praticamente nenhuma proteção contra o HPV".[26]

Talvez o fato mais surpreendente é que 80 milhões de norte-americanos entre 15 e 19 anos tiveram HPV genital em algum ponto de suas vidas!

O HPV tem contágio muito fácil. Até 90% das pessoas que fizeram sexo com alguém que tem HPV acabam infectadas. Os estudos seguintes já são suficientemente ruins, mas muitos que têm essa doença nunca registram esse fato, por causa da vergonha ou porque não sabem que são portadores da doença.

- Apenas 2% dos homens ou mulheres que têm HPV mostram algum sinal de que possuem a doença.[27]

- O HPV matará cinco mil mulheres nos Estados Unidos este ano e mais 245 mil no resto do mundo.[28]

- Os médicos descobriram 80 tipos de HPV.[29]

- O HPV é a causa mais frequente de câncer dos órgãos reprodutores de homens e mulheres.

- Se você não tem HPV, a única maneira de evitar tê-lo é estabelecer um relacionamento permanente de marido e mulher, antes de fazer sexo outra vez. Isso se chama "casamento".[30]

Sífilis

A sífilis é uma doença causada principalmente pela relação sexual. Praticamente a metade das pessoas que têm sífilis não sabe que têm essa doença. Isso pode ser porque os seus corpos não mostram a doença ou porque elas acreditam que as marcas indolores em sua pele sejam inofensivas. A sífilis foi um problema nos Estados Unidos durante muitos anos.

Com o advento da penicilina, o número de novos casos de sífilis diminuiu. Isso fez com que acontecessem duas coisas. Em primeiro lugar, as autoridades de saúde reduziram os seus esforços para controlar a sífilis. Em segundo lugar, aumentou a ocorrência de sexo fora do casamento nos Estados Unidos. No início dos anos 1990, os casos registrados estavam no seu nível mais alto em 40 anos. Desde então, esse número decresceu, mas a sífilis ainda é a oitava doença mais comumente transmissível dos Estados Unidos.[31]

Tricomoníase

Há aproximadamente cinco milhões de novos casos de tricomoníase todos os anos nos Estados Unidos.[32] Ela pode acompanhar várias outras DSTs. Ela pode causar câncer.[33]

Hepatite B

Não se conhece a cura para a hepatite B. Acredita-se que apenas nos Estados Unidos pelo menos cem mil pessoas contraiam essa doença a cada ano, como resultado do sexo. É dez vezes mais fácil contrair a hepatite B do que o vírus HIV.[34] A hepatite B está presente em 60 a 70% de todos os homens que fizeram sexo com outros homens.[35] Em 1995, os médicos escreveram sobre a sua preocupação com os bebês que contraíam essa doença no nascimento.[36]

Câncer

O câncer é uma das doenças mais temidas que resultam do sexo fora do casamento. Em 1999, uma nova análise dos fatos revelados em estudos anteriores mostrou que a doença do vírus HPV realmente estava presente em quase todos os casos de câncer cervical.[37] Quanto mais cedo uma jovem começa a ter relações sexuais, maior é a possibilidade de que ela tenha câncer cervical quando adulta. A hepatite B pode causar câncer no fígado, um dos tipos mais comuns de câncer. Outras DSTs podem causar outros tipos de câncer.

Gravidez Indesejada

Outra razão pela qual os jovens devem dizer "não" ao sexo antes do casamento é a possibilidade de uma gravidez indesejada. Isso converterá os jovens em pais, antes que eles estejam preparados para essa responsabilidade. Aqui estão os pensamentos de um estudante a respeito disso:

> Não existe uma proteção 100% segura. A gravidez é sempre uma possibilidade. Muitas jovens pensam que não acontecerá nada. Elas usam isso como desculpa para fazer sexo. Elas pensam: "Deus não permitirá que eu fique grávida e destrua a minha vida". Elas pensam que Ele tem a função de nos ajudar a pecar. Há um preço a pagar pelo pecado. Até mesmo Davi teve consequências para o seu pecado, e ele era um homem segundo o coração de Deus. A Bíblia nos apresenta os resultados de seus atos: O filho de Davi morreu e a sua família se envergonhou.

Se a nossa cultura não explicar os maus resultados do sexo antes do casamento, a igreja deve estar disposta a se manifestar.

Os jovens devem ser ensinados sobre o que Deus diz a respeito do sexo. Eles devem aprender por que Ele nos deu mandamentos sobre o sexo e como Ele protege e cuida dos que obedecem a Ele. Os jovens devem saber o que pode acontecer, se desobedecerem.

Uma jovem grávida tem quatro caminhos diante de si. Em primeiro lugar, ela pode entregar o seu bebê para adoção. Em segundo lugar, ela pode se casar com o pai da criança. Em terceiro lugar, ela pode criar o bebê sozinha. E, em quarto lugar, ela pode matar o bebê antes de ele nascer. Seja qual for a sua decisão, provavelmente, ela terá que tomá-la sozinha. Muitos homens que engravidam jovens garotas as abandonam. Ela pode não ter nem mesmo a possibilidade de recorrer à sua família.

Os problemas de saúde para jovens mães e seus bebês são enormes. Muitas jovens grávidas não cuidam de sua saúde e isso pode causar problemas aos seus bebês. Uma vez que os valores em nosso país continuam a mudar, os jovens continuarão a pagar um alto preço pelos casos de gravidez indesejada.

Aborto

Se a garota não decidir ser mãe do bebê nem entregá-lo para adoção, ela poderá considerar o aborto. Abortar é matar o bebê antes de ele nascer. Nos Estados Unidos acontece um aborto a cada 22 segundos. Uma estudante me escreveu o seguinte:

> O aborto também é chamado de "uma saída". Mas dois erros constituem um acerto? Será que o assassinato deve ser somado ao adultério, para endireitar as coisas? Muitas mulheres que fazem abortos, mais tarde não conseguem ter filhos. Somente esse risco deveria ser suficiente para fazer com que elas postergassem o sexo até o casamento.

O aborto pode parecer uma saída fácil para uma gravidez indesejada, mas os danos para a mãe frequentemente não são levados em consideração. Estudos recentes mostraram uma possível ligação entre os abortos e o câncer de mama. Isso é suficiente para destruir a noção de que o sexo antes do casamento é "seguro". Os médicos que realizam abortos devem dizer às jovens que os procuram tudo o que se sabe a respeito do aborto.

As pessoas que aceitam a ideia do aborto falam sobre os direitos da mulher sobre o seu próprio corpo. Mas e quanto aos direitos do bebê que ainda não nasceu? Alguns especialistas britânicos dizem que "os bebês que ainda não nasceram sentem dor já com a idade de 26 semanas".

A mãe, também, frequentemente sofre grandes abalos em suas emoções. Esses danos podem perturbá-la durante muitos anos.

O mundo não fornece as respostas corretas para os problemas da gravidez dos jovens. A resposta é confiar na Palavra de Deus e entender que os seus sábios mandamentos estão ali para o nosso bem. Ele deu o sexo para que as pessoas casadas possam ter filhos e criá-los nos caminhos do Senhor. O livro de Provérbios diz que os filhos são uma bênção. Em um casamento de amor, eles são exatamente isso. Sendo pai de quatro filhos, sei que isso é verdade.

Os mandamentos de Deus são dados para a nossa proteção. Ele não deseja que ninguém tenha que decidir sobre uma gravidez indesejada. Assim, Ele nos diz que esperemos para fazer sexo apenas depois do casamento. O seu caminho é muito simples. Ele parece ser simples demais para a mente moderna.

Capítulo 12

As Razões Emocionais para Esperar

Os jovens devem esperar até o casamento para fazer sexo, para escapar à dor emocional que resulta do sexo antes do casamento. Eles devem aceitar a proteção de Deus dos problemas emocionais e o que Ele estipulou para um casamento rico e livre de culpa.

Não há como avaliar o efeito devastador do sexo antes do casamento. Mas envolver-se com o sexo antes que a confiança e a segurança tenham se desenvolvido pode prejudicar um futuro relacionamento permanente.

Proteção das Armadilhas Emocionais do Sexo antes do Casamento

Os terríveis resultados emocionais que o sexo antes do casamento pode provocar podem ser imediatos, ou podem demorar a aparecer. Algumas pessoas podem conseguir solucionar os seus problemas com a oração e a ajuda de amigos, mas os problemas podem durar anos. Aqui estão alguns dos problemas de que Deus protegerá os jovens, se eles permanecerem sexualmente puros.

Proteção da Culpa

A culpa é um dos resultados do sexo antes do casamento. Ela pode impedir o crescimento espiritual de uma pessoa, bem como o seu bem estar espiritual. A Bíblia diz: "Venerado seja entre todos o matrimônio e o leito sem mácula; porém aos que se dão à prostituição e aos adúlteros Deus os julgará" (Hb 13.4). Mesmo as pessoas que não conhecem as leis de Deus podem se sentir culpadas, porque são culpadas diante de um Deus Santo.

Uma pessoa sente culpa quando desobedece a uma lei que trata de certo e errado. Ou quando sente que talvez um ato tenha sido errado. Este segundo tipo de culpa pode ser chamado de um sentimento flutuante de culpa. Ele resulta de dizer que não existe certo e errado. As pessoas que dizem isso não têm ordem em suas vidas. Elas não têm regras segundo as quais poderiam avaliar os atos. Elas vivem com um sentimento de culpa, mas não entendem as razões para esse sentimento.

Os cristãos têm a Bíblia. Ela mostra a natureza de Deus e o seu plano para o homem. Ela mostra como podemos ter um relacionamento com Ele. Ela também nos mostra a única maneira de decidir o que é certo e o que é errado. Ao aceitarem o caminho de Deus, os cristãos passam a ter ordem em suas vidas.

Deus estabeleceu limites ao nosso redor para nos manter a salvo. No interior desses limites, nós temos a liberdade de escolher. As pessoas que estão fora dos limites de Deus vivem sem orientação e se sentem perdidas. Por exemplo, Deus estabeleceu o casamento como o lugar para o sexo. As pessoas que vivem dentro dos limites de Deus são livres para se casar ou não. Se decidirem se casar, poderão desfrutar da intimidade em uma situação em que ninguém se machucará.

Proteção da Avaliação de quão Bem Você Faz Sexo

As pessoas sexualmente ativas se preocupam somente com o quanto a outra pessoa pode agradá-las. Quando as pessoas são aceitas somente por quão bem podem agradar outra pessoa sexualmente, o valor que Deus lhes deu se perde. Sem a promessa feita no casamento, o sexo é apenas para um prazer egoísta. As pessoas não têm segurança em seu relacionamento. Elas têm um medo secreto de se sentir rejeitadas.

Um esposo e uma esposa estavam tendo problemas sexuais. Depois de buscar conselhos, o marido descobriu que sua esposa fora molestada sexualmente quando criança. Desejando ajudá-la, ele comprou o livro *The Joy of Sex*. A sua esposa foi procurar a pessoa que vinha tentando aconselhá-los e disse: "Eu sei que ele está tentando me ajudar. Mas este livro faz com que eu me sinta pior. Ele trata apenas de posições e coisas que dois corpos podem fazer, um ao outro. Depois de lê-lo, me senti como um pedaço de carne, algo a ser usado para agradar outra pessoa".

Muitos livros sobre sexo tratam dele apenas em um nível físico. Isso pode fazer com que uma pessoa sinta que somente os atos são importantes. Tanto o marido como a esposa precisam saber que são livres para cometer erros. Eles precisam ter uma boa fundação, emocional e espiritual, para que a expressão do seu amor possa ser livre.

Proteção de Ideias Erradas a Respeito do Sexo e do Amor

Uma das razões que as pessoas me apresentam mais frequentemente para o envolvimento sexual é a confusão entre o sexo e o amor. Isso é evidente no que uma jovem me escreveu:

> Lembro-me de quando o "amor" que esperava aconteceu. Três meses depois que começamos a namorar, nós começamos a fazer sexo. Então, nós nos afastamos das outras pessoas, tanto quanto possível, para ficarmos juntos, apenas nós dois. Mas, na realidade, nós só queríamos satisfazer a nossa fome física. Nós realmente pensávamos que fosse amor!

Quando confundimos sexo com amor, não entendemos a simples ideia de dar e tomar. O amor sempre dá. O sexo antes do casamento toma. O problema é que tomar, às vezes, pode parecer dar. Uma garota pode "dar a seu namorado o que ele deseja" e pode parecer como se ela lhe esteja dando amor. Na verdade, ela quer a segurança que ele lhe proporciona. O seu "dar" é, na verdade, uma forma de tomar.

O sexo antes do casamento pode levar uma pessoa a se casar com a pessoa errada. O sexo pode criar um forte vínculo, fazendo com que os jovens acreditem que o relacionamento é mais do que realmente é. Dizendo-nos que guardemos o sexo para o casamento, Deus nos protege dos terríveis efeitos que essas emoções podem ter.

O nosso objetivo como cristãos é crescer no amor piedoso. Este é o tipo de amor que dá sem esperar nada em troca.

Em 1 Coríntios 13, o amor é descrito como atos da vontade. No entanto, o amor tem grande força emocional, porque ele tem a ver com a maneira como nos conectamos com as pessoas. Deus designou o sexo como uma união entre o coração e a alma de duas pessoas. É por isso que o sexo antes do casamento pode fazer com que nos sintamos bem durante um curto período de tempo, mas depois disso, os maus sentimentos aparecem. Quando lidamos com coisas certas e erradas, nós nos deparamos com resultados certos e errados.

Proteção contra se Tornar um Escravo do Sexo

Depois que os jovens sentiram a excitação do sexo, o desejo pelo sexo aumenta. Aqui está a maneira como um aluno descreveu o desejo:

> Quanto mais sexualmente envolvido eu ficava, mais desejava esta 'grande experiência'. Quando me lembro dessa parte da minha vida, penso que era um escravo do sexo. Eu nunca encontrei um equilíbrio. Eu nunca encontrei o verdadeiro amor. Quanto mais buscava o amor, mais infeliz me sentia.

Os livros de ciência frequentemente dizem que o homem é um animal. Eles dizem que o nosso desejo de sexo é o mesmo que todos os outros animais sentem. O sexo é visto como uma necessidade. Esse modo de pensar rouba de uma pessoa o seu valor próprio e o valor da vida.

Deus nos criou para que fôssemos como Ele. Nós temos necessidades de alimento, água e abrigo, mas a nossa maior necessidade é conhecer a Deus. Para estabelecer esse relacionamento, nós temos que admitir os nossos erros e fracassos e confessar a nossa necessidade de Deus. Algumas pessoas se recusam a fazer isso. Em vez de satisfazer a sua maior necessidade, conhecendo a Deus, elas procuram outras maneiras de satisfazê-la. Uma vez que elas dizem que o sexo é uma necessidade, elas se permitem a liberdade de fazer sexo tão frequentemente quanto quiserem. Como resultado, elas fracassam, uma vez após outra, porque estão tentando satisfazer uma necessidade espiritual com prazer físico.

Proteção da Dor da Separação

O desejo sexual causa a separação de muitas pessoas. Um estudante escreveu:

> Embora fazer sexo seja nocivo a um relacionamento de namoro, o sexo também faz com que seja mais difícil para duas pessoas terminarem um relacionamento. Separar-se, depois de ter feito sexo, pode ser uma terrível experiência emocional. O sexo cria um vínculo emocional muito poderoso e por isso deve ser reservado para o casamento.

É impossível que duas pessoas façam sexo sem se envolver em um nível mais profundo que o corpo. Esta é a maneira como Deus nos criou. O sexo conecta as pessoas no estado emocional e espiritual, além de fisicamente.

O sexo forma um vínculo emocional que pode permanecer mesmo quando o relacionamento vai mal. Quanto mais continua a atividade sexual, mais difícil é parar. Mas para solucionar os problemas no relacionamento, as pessoas que não são casadas precisam se separar. Elas ficarão em melhor estado espiritual e emocional; em melhor estado, mental e possivelmente até mesmo físico.

Uma jovem me escreveu contando que teve relações sexuais com um rapaz durante quatro anos. E então eles tiveram uma discussão. A ideia de se separar doía tanto que ela se voltou para Deus. Mas ela ainda não tinha fé suficiente para dizer "não" ao sexo. Ela disse que o seu namorado também era cristão. Mas ele não via nada errado em fazer sexo, uma vez que eles se amavam.

Ela se perguntava como eles poderiam combater esse desejo sexual. Eles haviam falado sobre isso muitas vezes, mas conversar nunca ajudou.

A resposta para esta jovem não é "mais fé", a resposta é separar-se de seu namorado. O impulso do sexo é muito difícil de interromper quando ele faz parte de um relacionamento durante um longo período de tempo. Isso é verdade, mesmo quando as duas pessoas concordam que o sexo é errado. É ainda mais difícil se uma das duas pessoas diz que é errado enquanto a outra diz que não é.

Outro efeito emocional comum do sexo antes do casamento é a amargura. Uma das pessoas tem sentimentos amargos com relação à outra por causa dos atos sexuais que aconteceram.

Proteção de um Baixo Sentimento de Valor Próprio

A maneira como decidimos as coisas é enormemente influenciada pela maneira como pensamos a nosso próprio respeito. As pessoas que se veem como Deus as vê, têm um bom sentimento de valor próprio. Elas não precisam depender de outra pessoa para se sentir bem consigo mesmas.

As pessoas com baixo valor próprio procurarão a ajuda de outra pessoa para se sentir bem consigo mesmas. O sexo é uma ferramenta comumente usada nessa situação. Esta triste nota diz como são as coisas:

> Penso que o meu coração ficou mais duro, mais insensível. Depois de algum tempo, não me importava se eu amava o rapaz, eu não gostava de fazer sexo tanto assim, e nem mesmo me importava com quem fazia. A minha autoestima diminuiu, parei de me preocupar comigo mesma.

O sexo, como deveria ser no casamento, se baseia em segurança. No plano de Deus para o sexo, existem amor e confiança completos. Deus designou o casamento para ser um relacionamento permanente em que as pessoas têm total segurança. Mas as pessoas pensam que os planos delas são melhores.

Os jovens esperam demais do sexo. Eles pensam que o sexo pode realizar maravilhas, fazendo com que eles tenham uma opinião melhor a respeito de si mesmos e fazendo com que eles pareçam melhores aos olhos da outra pessoa. Uma das maiores coisas que eles esperam é estabelecer uma intimidade. Eles esperam que por meio da intimidade física possam encontrar intimidade emocional e assim se sentir melhor consigo mesmos.

Quando Deus nos ordena que guardemos o sexo para o casamento, Ele faz isso para nos proteger. Os jovens precisam ficar mais próximos de Deus em um relacionamento pessoal com Jesus Cristo. Então eles entenderão que não precisam da aceitação temporária de outras pessoas para ter uma autoestima saudável. Eles entenderão que estão completos em Cristo e são aceitos por Deus exatamente como são. Então eles estarão livres para dar aos outros e não ter que tirar deles.

Provisão para a Saúde Emocional em um Casamento Futuro

Deus quer dar aos jovens a saúde emocional e mental que resulta de guardar o sexo para o casamento. Um jovem disse bem: "Prefiro investir em relacionamentos amorosos e carinhosos que não incluam o sexo. Esses relacionamentos incluem o tipo de ajuda emocional, satisfação e orientação que me manterão progredindo na vida. O sexo isoladamente não consegue fazer isso".

Provisão de Maturidade

Um dos sinais de ser maduro, ou ser um adulto, é ser capaz de retardar a satisfação. Nós vivemos em um mundo de "fazer agora". Em outras palavras, o nosso mundo não é maduro; e ele estimula os jovens a viver de uma maneira imatura.

A vida é um plano, e tornar-se adulto é parte desse plano, mas isso não acontece imediatamente. Deus cuida de nós, fazendo com que esperemos até o casamento para fazer sexo. Ele constrói a bondade e a maturidade em nossas vidas quando mostramos autocontrole e obedecemos a Ele. A satisfação física não dura muito. Porém a maturidade nunca pode ser tirada de uma pessoa.

A Provisão do Verdadeiro Amor

Esperar pelo sexo até o casamento permite que o verdadeiro amor se desenvolva em um relacionamento. O amor sempre busca o melhor interesse da pessoa amada. É por isso que podemos ter segurança no amor de Deus. Ele nunca fará ou dirá nada que não seja em benefício dos nossos melhores interesses. Deus nos diz que esperemos até o casamento para fazer sexo, para que tenhamos uma base sólida para o nosso relacionamento no casamento.

A passagem 1 Coríntios 13 sempre é citada quando os cristãos falam sobre o amor. Esta passagem das Escrituras nos dá regras pelas quais podemos avaliar os nossos atos e sentimentos. Pense novamente sobre essas palavras:

> O amor é paciente, é benigno; o amor não arde em ciúmes, não se ufana, não se ensoberbece, não se conduz inconvenientemente, não procura os seus interesses, não se exaspera, não se ressente do mal; não se alegra com a injustiça, mas regozija-se com a verdade; tudo sofre, tudo crê, tudo espera, tudo suporta. (1 Co 13.4-7 ARA).

Se você pensa que está apaixonado, coloque o seu nome no lugar da palavra "amor". Então leia a passagem outra vez, colocando o nome da outra pessoa no lugar da palavra "amor". Se vocês estiverem em um relacionamento com sexo antes do casamento, esta lista não se adequará perfeitamente a vocês.

Provisão do Valor do Próprio Corpo

Os nossos corpos são descritos na Bíblia como templos onde o Espírito Santo habita (1 Co 6.19,20). Uma das provisões de Deus para os que guardam o sexo para o casamento é um valor saudável de nossos corpos, o templo de Deus. Um estudante disse:

O seu corpo é algo que você deve guardar para o seu marido ou sua mulher e não para uma experiência de apenas uma noite. Se você pensa que encontrou a pessoa que você realmente ama, e ela diz que ama você, ela esperará. Não se deixe enganar pela frase antiga: "Se você me ama, fará sexo comigo". Se ele tentar isso, diga apenas: "Se você me ama, você esperará".

Provisão de Honra

Nós somos valiosos porque Deus nos criou à sua semelhança. Deus não se limita a nos mostrar o seu amor. Ele é amor. Quando entendermos isso, aceitaremos tudo a nosso respeito como presentes de Deus. Os que aceitam o seu perdão e entregam as suas vidas a Ele têm uma nova medida de honra. Nós somos cooperadores dEle. Nós somos chamados para viver de maneira digna da nossa suprema missão.

A sexualidade humana é uma parte da honra que Deus nos deu. No momento correto e no lugar correto, ela pode ser expressa no sexo. Quando fazemos o sexo antes da hora certa, no entanto, nós nos ferimos e prejudicamos a missão que nos foi dada.

Provisão para uma Única "Primeira Vez"

Depois de ouvir-me falar em um encontro sobre "Por que o Verdadeiro Amor Espera", uma garota de 17 anos me escreveu:

> Você me ajudou, quando disse por que Deus deseja que esperemos e quando falou sobre a beleza que Ele deseja que o sexo seja. Na terça-feira, havia almoçado com algumas amigas que sempre zombaram de mim por nunca ter feito sexo. Eu disse: "Não quero mais piadas sobre eu ser virgem, porque qualquer dia eu posso me tornar como vocês, mas vocês nunca mais serão como eu".

Muitas pessoas me agradeceram por ajudá-las a esfriar o seu relacionamento durante algum tempo, interrompendo a ação sexual que as estava escravizando. Quase todas as pessoas que esperaram até o casamento ficaram gratas por esse período.

Provisão para a Intimidade

A verdadeira intimidade entre um homem e uma mulher é mais uma das provisões de Deus para os jovens que dizem "não" ao sexo antes do casamento. Para conseguirmos nos abrir com alguém, antes de qualquer coisa, temos que ter segurança em nós mesmos. A seguir, devemos ter um sentimento de maturidade no relacionamento que nos diz que a nossa sinceridade não será ferida. Esta segurança pode ser encontrada apenas em Deus.

A intimidade é construída com a segurança. Ela tem duas partes. Em primeiro lugar, pela fé, nós devemos conhecer a nossa posição em Jesus Cristo. Quando sabemos que somos importantes para Deus, temos segurança e podemos desenvolver um sentimento saudável de autoestima.

Em segundo lugar, nós devemos nos sentir amados e aceitos por alguma outra pessoa em nossas vidas. Desta maneira, vemos Deus expressando o seu amor por nós. Nós devemos ver que é possível que alguém nos aceite, a despeito do que façamos. Então podemos ser amorosos e aceitar os outros. Nós precisamos aprender a amar. Este é o plano de Deus.

Capítulo 13

Razões para Esperar por Causa dos Relacionamentos

Na maioria dos casos, os jovens não têm suficiente experiência de vida para se tornar pais. Eles também não têm a promessa de fidelidade de uma vida inteira que vem com o casamento. É por isso que o sexo pode trazer infelicidade aos relacionamentos. Deus deseja que os jovens desfrutem da intimidade nos relacionamentos, tanto agora como quando se casarem. Mas Ele guardou a intimidade física para o casamento. Vamos ver agora como o sexo antes do casamento separa os jovens da proteção e provisão de Deus.

Proteção de Relacionamentos que não São Saudáveis

Deus quer proteger os jovens da dor em seus relacionamentos com outras pessoas. É por isso que Ele diz "não" ao sexo antes do casamento.

Proteção de um Problema Social

Todos nós queremos amar e ser amados. Todos nós queremos nos conectar com outra pessoa em um nível profundo. O sexo antes do casamento irá abreviar esse relacionamento. Quando os jovens postergam o sexo até o casamento, permitem que o relacionamento cresça e se fortaleça. Então o sexo pode ter significado e pode ser bom para o relacionamento. Até o casamento, o jovem rapaz e a jovem moça precisam passar algum tempo aprendendo um sobre o outro. Eles podem ver o que torna a outra pessoa incomum e desejável. Isso estabelece a base para o amor e leva à intimidade pessoal que cada um deles busca.

Fazer sexo antes do casamento pode tornar impossível até mesmo fazer com que o relacionamento seja correto. Aqui está o que uma estudante descobriu: "Outra situação a considerar — a conexão social. Você está começando a conhecer e gostar de uma pessoa. Você gosta quando essa pessoa permite que você a veja como ela realmente é. Mas quando o sexo começa, as linhas da conexão social se rompem".

Proteção de Tempos Difíceis antes do Casamento

Um dos dons que Deus nos permite dar a outra pessoa é a demonstração de autocontrole. Quando nós estabelecemos um relacionamento, o autocontrole deve estar presente para permitir que a confiança seja construída. A confiança é a base para o crescimento contínuo no relacionamento. O sexo antes do casamento fere tal confiança, mostrando que uma pessoa não tem controle de seus desejos. Em vez disso, ela é controlada por esses desejos. Isso traz sofrimento à relação e pode acabar minando-a.

Quanto mais tempo dura um relacionamento, mais dor existe quando ele termina. É por isso que Deus nos ordena: "Fugi da prostituição". Quando o sexo não é uma parte do relacionamento, as pessoas são mais capazes de entender uma à outra. Elas podem saber, com certeza, se estão escolhendo a pessoa certa para se casar. Obedecendo aos mandamentos de Deus estaremos sob a proteção dEle e poderemos receber a sua provisão.

Proteção da Comparação

Por que as pessoas se perturbam tanto quando se lembram de experiências sexuais passadas? Deus criou a experiência sexual para que ela nos desse as melhores recordações que poderíamos ter. Há duas maneiras principais de entender a memória humana: (1) o estudo do cérebro e (2) o estudo da maneira como funciona a memória e as coisas de que nos lembramos. Vamos abordar a segunda maneira, porque ela é mais útil para o nosso objetivo.

A ciência descobriu alguns elementos que podem nos ajudar a entender por que as lembranças sobre o sexo são tão fortes e permanentes. Um elemento é a maneira como as lembranças se tornam lembranças que conservamos por muito tempo. Há pelo menos dois fatos importantes envolvidos na criação de uma lembrança duradoura: (1) a intensidade da experiência e (2) o quanto nós relembramos a experiência em nossas mentes. O sexo provavelmente está envolvido nas duas.

Outro elemento da lembrança é o fato de que as pessoas se lembram mais claramente quando há emoções envolvidas. Quanto mais os nossos cinco sentidos estiverem envolvidos em uma experiência, mais nos lembraremos dela. Os nossos cinco sentidos são a visão, o tato, a audição, o paladar e o olfato. Todos esses sentidos podem estar envolvidos no sexo. Algo dentro de nós (pensamentos, sentimentos, ações) ou fora de nós (por meio dos nossos cinco sentidos) nos lembra de alguma coisa similar do nosso passado.

Um jovem que fez sexo antes do casamento provavelmente não terá os mesmos sentimentos quando fizer sexo mais tarde. Isso é particularmente verdade, se as experiências anteriores tiverem envolvido mágoas, falta de confiança ou culpa. Quando as experiências passadas são trazidas a um casamento, acontecem problemas.

Nós podemos ver que a parte mais importante do sexo é a nossa mente. Isso verdadeiramente é uma boa notícia! Pense no que acontece quando duas pessoas aprendem o sexo pela primeira vez juntas, no casamento. Boas lembranças são formadas, lembranças que unem essas duas pessoas com amor e confiança, sem quaisquer problemas do passado.

Deus nos deu os seus mandamentos, ordenando-nos a esperar até o casamento para termos relações sexuais, para nos proteger de comparações injustas. Quando desobedecemos e deixamos a sua proteção, as nossas experiências sexuais começam a afetar as nossas mentes. Um homem que descobriu isso trabalhava em um ministério cristão. Ele se ofereceu para me levar ao aeroporto, depois de uma conferência em que fiz uma palestra. No caminho, ele disse:

> Preciso da sua ajuda. Sou casado com uma das mulheres mais maravilhosas que já conheci. Eu a amo e faria qualquer coisa por ela. Mas antes de me tornar cristão, eu era muito ativo sexualmente. As minhas experiências sexuais se tornaram algo muito ruim. Eu faria qualquer coisa para esquecer as experiências que tive antes de conhecer a minha esposa.
>
> Quando eu e ela fazemos sexo, as outras mulheres com que me relacionei sexualmente no passado passam pela minha mente. Isso está destruindo a minha intimidade com a minha esposa. Estou em um ponto em que não quero fazer sexo, porque não suporto me lembrar dessas coisas. A verdade é que estou casado com esta mulher maravilhosa há oito anos e nunca me senti sozinho no quarto com ela. As outras mulheres parecem sempre estar ali conosco.

Hebreus 13.4 ensina que o leito matrimonial deve ser conservado sem mácula, isto é, puro. "Puro" significa que não deve haver nele nenhum material estranho. O sexo antes do casamento ou fora dele torna o leito matrimonial impuro. Nós trazemos a lembrança das outras experiências para o leito.

Um jovem me procurou certa vez e disse: "Eu costumava estar sexualmente envolvido e gostava de ver fotografias de sexo. Isso prejudicou o nosso casamento. Ainda preciso ter as fotografias. Quando tenho relações sexuais com a minha esposa, não consigo concluir o ato, sem uma fotografia ao lado dela".

Algumas semanas depois, uma mulher me contou que o seu sentimento de autoestima havia sido destruído. Perguntei-lhe como isso havia acontecido. Ela disse: "Todas as vezes que tenho relações sexuais com meu marido, ele precisa ter uma fotografia de sexo na cama, ao meu lado. Ele não consegue concluir o ato sexual sem a fotografia".

Quando uma mulher teme a comparação com as amantes anteriores de seu marido, ela começa a se perguntar se ela é suficientemente boa para competir. Isso cria insegurança, que deriva de um sentimento de estar ameaçada.

Muitos jovens pensam em sexo e até mesmo o imaginam em suas mentes. Isso também é verdade a respeito de algumas jovens. Eles não conseguem ver o poder de seus pensamentos em seus atos sexuais. Eles não entendem o poder de seus atos sexuais em seus pensamentos. Eles não entendem que a maneira como vivem hoje tem um efeito direto sobre a maneira como viverão no futuro.

Deus proporciona um caminho para a liberdade para os que estiveram sexualmente ativos e se sentem perturbados por isso. Uma vez que Ele nos ordena que sejamos transformados em nossas mentes, deve ser possível que as nossas mentes sejam renovadas.

É difícil imaginar que Deus possa remover uma má lembrança, mas Ele pode. Lembro-me de me sentir perturbado por alguma coisa do meu passado. Eu sabia que Deus me havia perdoado, mas não conseguia esquecer aquilo. Orei para que Deus removesse aquela má lembrança. Posteriormente, lembrava-me de ter feito a oração, mas não conseguia lembrar-me do motivo pelo qual eu havia orado. A lembrança desaparecerá.

Muitos de nós precisamos trazer as nossas lembranças e experiências passadas e colocá-las sob a soberania de Jesus Cristo. Nós precisamos permitir que Ele repare os danos. Deus sempre nos encontra exatamente onde estamos e oferece um recomeço. Nós precisamos começar hoje a construir relacionamentos que deixarão lembranças boas e santas.

Deus sabe o que é melhor para as nossas mentes. Ele estabeleceu limites ao redor do sexo para proteger e cuidar das nossas mentes.

Proteção de Relacionamentos Controlados pelo Sexo

Quando um relacionamento entre um homem e uma mulher é controlado pelo sexo, os resultados podem ser terríveis. Uma jovem me escreveu para me contar a sua triste história de atos sexuais e amor perdido:

> O meu namorado foi o único com quem tive relação sexual. Eu o amava e precisava dele. Eu desejava conservá-lo, mas a nossa conexão social foi rompida. Logo, nós estávamos brigando frequentemente. Ele pensava que fazer sexo ajudaria. Eu cedi, porque queria que ele me amasse. Nós dois nos tornamos realmente egoístas. Nós ficamos juntos, mas todo o amor havia desaparecido do relacionamento.

O relacionamento do casamento deve durar a vida inteira. Para que isso seja possível, as pessoas precisam conhecer, uma à outra, durante o período de tempo anterior ao casamento. Quando a intimidade crescente entre o casal levá-los ao casamento, eles poderão saber o que terão. Depois de casados, eles serão livres para confirmar o relacionamento como somente uma esposa e um marido podem.

O sexo antes do casamento interrompe o crescimento daquilo que deve estar presente para que um casamento funcione. Qualquer pessoa pode beijar, mas nem todas conseguem ter uma conversa significativa com outra pessoa. Acontece frequentemente que um relacionamento no qual a relação sexual é iniciada cedo demais nunca chega a alcançar a intimidade mais profunda de mente e espírito. Se permanecermos dentro dos limites de Deus, estaremos protegidos.

Proteção dos Relacionamentos Familiares Danificados

As pessoas que fazem sexo antes do casamento têm maior probabilidade de ter relações sexuais fora do casamento. O sexo pode ser uma maneira de se sentir bem imediatamente, quando surgirem os problemas, o ato sexual faz com que os problemas desapareçam durante um curto período de tempo. Posteriormente, quando o sexo com o cônjuge não soluciona os problemas, a tensão entra no casamento. Eles começam a se afastar física e emocionalmente. Um deles ou ambos podem ir buscar com outra pessoa a "boa sensação" de que haviam desfrutado antes.

Dizendo que devemos esperar até o casamento para fazer sexo, Deus nos protege desses relacionamentos dolorosos. Ele deseja que o sexo no casamento seja uma maneira de fortalecer o nosso relacionamento. A sua sabedoria é maior do que todas as nossas desculpas.

Uma das provisões de Deus para o sexo dentro do casamento é a bênção dos filhos. Um casamento é completo sem filhos, mas como pai de quatro crianças, sei a grande alegria que os filhos trazem a um casamento. O sexo antes do casamento pode prejudicar os relacionamentos com as crianças que posteriormente nascerão no casamento.

Quando uma mulher engravida sem estar casada, tanto ela como o homem têm várias possibilidades. Em primeiro lugar, eles podem se casar rapidamente, porque se sentem responsáveis. Esses casamentos não têm necessariamente que fracassar, mas começam cheios de culpa e pressão. Isso pode fazer com que duas pessoas iniciem uma família quando não são suficientemente amadurecidas para essa responsabilidade.

Uma segunda possibilidade é entregar o bebê a um homem e uma mulher que estejam casados. Normalmente, esta é a coisa mais amorosa a fazer, particularmente se a mãe e o pai do bebê forem jovens demais para criar a sua criança.

Uma terceira possibilidade é a mãe ficar com a criança mesmo que não se case. Se a mãe que faz isso for muito jovem, há uma boa probabilidade de que ela seja infeliz a vida toda.

Uma quarta possibilidade é matar o bebê antes de ele nascer, por meio do aborto. Esta pode ser a maneira mais rápida de escapar ao problema, mas fere a mãe, física, emocional e espiritualmente. Os filhos que nascerão podem fazer com que os pais continuem a se lembrar do filho que foi morto. Durante o resto de sua vida, a mãe se lembrará daquele bebê. Isso também poderá ser sentido pelos seus filhos que nascerem no casamento.

Os jovens que desejam agradar a seus pais não fazendo sexo estão sob a proteção da bênção de Deus. Quando obedecem aos mandamentos do Pai celestial, podem se tornar as pessoas especiais que Deus os criou para que fossem.

Proteção da Armadilha de Morar Juntos

Infelizmente, mais da metade de todos os primeiros casamentos envolve pessoas que vivem juntas antes de se casar. Em um número crescente desses casamentos, a mãe já tem um ou mais filhos.

Algumas pessoas dizem que morar juntos, antes do casamento, dá a um homem e a uma mulher a possibilidade de conhecerem um ao outro realmente. Então, se eles decidirem se casar, terão um casamento bom e duradouro.[1] Mas um estudo com mais de 13.000 pessoas em 1992 mostra que isso não é verdade. O estudo descobriu que quando as pessoas moram juntas fora do casamento existe mais conflitos e menos diálogo.[2] Vamos examinar várias áreas em que o homem e a mulher que moram juntos fora do casamento podem ter problemas.

As pessoas que moram juntas fora do casamento frequentemente têm problemas para dialogar. Elas têm medo de conversar sobre as coisas que as preocupam. Elas têm medo de que a outra pessoa as abandone.

As pessoas que vivem juntas fora do casamento frequentemente não decidem juntas coisas importantes. Por exemplo, o dinheiro e a propriedade parecem ser um problema dele ou dela e não de ambos. Se eles se casarem, sabem que terão que decidir juntos como irão usar o seu dinheiro.

As pessoas que vivem juntas comumente se separam, porque se tornam infelizes com as suas vidas sexuais. Elas não têm nenhuma pressão real para consertarem, juntas, os seus problemas sexuais. Um estudo concluiu que "as pessoas casadas fazem sexo com mais frequência, com níveis mais altos de satisfação, do que as pessoas em qualquer outro tipo de relacionamento sexual".[3]

As pessoas que moram juntas fora do casamento normalmente têm como interesse apenas o seu próprio ganho pessoal. Por exemplo, em seus relacionamentos elas podem querer liberdade, satisfação sexual ou dinheiro. Essas coisas nada têm a ver com se dar à outra pessoa, ou fortalecer um relacionamento.

As pessoas que moram juntas fora do casamento têm uma probabilidade menor de encontrar a pessoa "certa" para se casar do que as que não adotaram essa prática. O segredo de um casamento duradouro é cada um procurar se tornar uma pessoa melhor. Desta maneira, uma delas poderá se tornar a pessoa certa a ser encontrada por alguém.

Provisão para um Relacionamento muito Especial no Casamento

Você não desejaria que o seguinte fosse verdadeiro para você:

> Eu nunca entendi como me sentiria enganada até a noite em que nos casamos e fomos para o nosso quarto no hotel. Eu estava me preparando para a noite mais cheia de amor da minha vida. E pensei: "Bem, já fiz tudo isso. O que há de emocionante nisto?" Esse pensamento tirou toda a vida de mim.
>
> O sexo costumava ser muito divertido antes que nos casássemos. Agora, quando deveria ser a maior expressão do amor entre um marido e uma mulher, ele não tem significado. Esse foi um problema para nós durante quase um ano. Ele quase destruiu o nosso casamento, quando nós finalmente procuramos alguns bons amigos. Eles nos deram bons conselhos e oraram conosco. Finalmente, nós sentimos que o Senhor nos havia perdoado. Então as coisas passaram a se acertar.

Deus não deseja que a noite de núpcias de um jovem seja apenas outro momento para o sexo. Ele espera que seja o início de um relacionamento muito especial entre duas pessoas que seguiram a sua vontade. A natureza tão especial do sexo dentro do casamento é claramente vista, quando nos lembramos do que é o casamento. É uma oportunidade de uma vida inteira de servir outra pessoa.

Provisão de Ser Sexualmente Puro

Lisa me disse: "Não sou sexualmente pura. Agora que encontrei o homem com quem quero passar o resto da minha vida, eu gostaria de ser. Ele é sexualmente puro, e nós conversamos sobre isso, e ele aceita o fato de que eu não seja virgem. Nós decidimos não fazer sexo até depois de nos casarmos. Nós nos sentimos bem com essa decisão".

A pureza sexual só pode ser perdida uma única vez. Uma vez perdida, está perdida para sempre. Muitas pessoas sentem alguma tristeza quando a perdem antes da noite de núpcias. Mesmo algumas pessoas que não creem na Bíblia dão grande valor ao fato de ser sexualmente puras. Isso nos mostra o quanto é importante. Não é de admirar que Deus deseje abençoar cada família com este adorável presente. Parte da provisão de Deus para nós está neste pensamento: a pureza sexual não é algo que nós perdemos no casamento, e sim algo que entregamos.

Provisão de Amor e Confiança

Uma jovem escreveu:

> No mês de julho passado, Deus me deu o homem mais maravilhoso do mundo como meu esposo. Ele é alguém com quem posso compartilhar os meus sentimentos mais profundos. Ele é alguém com quem posso conversar com Deus. Ele é alguém que sei que sempre me amará e que será fiel a mim. Estou feliz por ter esperado.
>
> Na primeira noite do nosso casamento, fiz sexo pela primeira vez. E foi com o meu marido. Eu não teria desejado compartilhar a minha primeira vez com nenhum outro homem. Eu não tinha nenhuma riqueza a oferecer ao meu marido, mas ele não pediu riquezas. Tudo o que ele queria era eu. E era isso, exatamente, o que eu tinha para dar a ele — eu, inteira, intocada, somente dele. Isso tinha um grande significado e nós dois sabíamos disso.

Como este depoimento mostra, Deus proporcionou uma maneira poderosa para que os humanos demonstrem o seu amor por seus maridos ou esposas. Quando esperamos até a noite de núpcias para fazer sexo, nós estabelecemos um encontro de confiança e amor que não tem igual. As pessoas que tentam criar amor e confiança fora do casamento fracassam terrivelmente.

O mandamento de Deus é limitar o sexo ao casamento. Este mandamento protege os jovens e impede que se magoem, uns aos outros. Ele proporciona uma situação em que eles podem expressar o seu amor por meio do sexo.

Capítulo 14

As Razões Espirituais para Esperar

Uma vez que é Deus que nos ordena que guardemos o sexo para o casamento, haverá graves problemas no nosso andar com Deus se não esperarmos.

Proteção Contra a Perda Espiritual

Os jovens devem entender as perdas espirituais que resultam do pecado. Eles recebem a proteção de Deus para suas vidas espirituais e para o seu crescimento, obedecendo a Ele.

Proteção de um Pecado Contra o Corpo

A Bíblia diz que o sexo antes do casamento é um pecado contra o próprio corpo. A Bíblia nos diz que nenhum outro pecado fere o corpo como o pecado sexual. "O que se prostitui peca contra o seu próprio corpo" (1 Co 6.18). Em outras palavras, o sexo antes do casamento é um pecado contra o propósito de pureza de Deus para o corpo humano.

Deus criou cada pessoa como um ser perfeito. Ele está interessado em cada um de nós como seres perfeitos. E, o que é ainda mais importante, Ele quer que fiquemos próximos dEle espiritualmente. Mas Ele também deseja que usemos as nossas mentes, que tenhamos saúde emocional e física. Ele está interessado em nossa consciência, em nossos desejos e em nossa conduta. Ele está interessado em nossos relacionamentos sociais e em nossos planos para o futuro. Ele está igualmente interessado em nosso bem estar físico e na maneira como tratamos os nossos corpos. Se Deus nos diz que o sexo é errado porque ele fere o nosso corpo, Deus sabe do que está falando.

Da mesma maneira como o verdadeiro amor mostra o amor pela pessoa como um todo, o falso amor, na forma do sexo antes do casamento, fere a pessoa como um todo. Ele fere as nossas emoções e a nossa mente. Ele nos impede de fazer avaliações com base nos princípios divinos. Nada está a salvo do mal que ele pode causar.

Proteção Contra o Juízo de Deus

Em Hebreus 13.4, lemos: "Venerado seja entre todos o matrimônio e o leito sem mácula; porém aos que se dão à prostituição e aos adúlteros Deus os julgará". Como escreveu um estudante:

> Se decidirmos não obedecer a Deus, nós nos colocaremos sob o seu juízo. Quando fizermos isso, receberemos os resultados de ter vivido fora dos limites que Ele estabeleceu para nós. Como vivemos em um mundo pecaminoso, muitos jovens acham difícil esperar para ter relação sexual. Com base em tudo o que eu ouvi e li, o sexo parece excelente. É por isso que creio que vale a pena esperar!

Por favor, lembre-se de que a punição de Deus vem do seu amor por nós. É como os pais que punem os filhos desobedientes porque os amam. Deus nos criou com a liberdade de escolher, mas Ele não nos deixou sem orientação. Ele nos deu um sistema de valores para nos ajudar a escolher. Se escolhermos o que está dentro do sistema de valores de Deus, virão bênçãos. Se sairmos dos seus limites, sofreremos os resultados.

As leis de Deus mostram a sua proteção e provisão para nós. Essas leis não se destinam a ajudar uma pessoa mais do que outra. Deus entende as nossas fraquezas, mas Ele não ouve as nossas desculpas. Mais cedo ou mais tarde, aqueles que desobedecem às suas leis terão que pagar o preço.

Proteção Contra Amizades Destrutivas

O pecado constrói um muro entre Deus e nós. Isaías 59.2 diz: "Mas as vossas iniquidades fazem divisão entre vós e o vosso Deus, e os vossos pecados encobrem o seu rosto de vós, para que vos não ouça". Uma vez que a Bíblia é firme a respeito de guardar o sexo para o casamento, um jovem que decida fazer sexo antes de se casar estará lutando contra Deus. Um jovem explicou isso da seguinte maneira:

> Acredite em mim, desobedecer a Deus propositadamente traz maus resultados. Passei por muita dor e tristeza desnecessárias quando me separei do Senhor. Deveria ter obedecido à Palavra do Senhor. Descobri que tudo, nas Escrituras, é completamente necessário para nós.

O pecado sexual faz com que uma pessoa perca o seu desejo pelas coisas espirituais. Jesus disse: "Porque todo aquele que faz o mal aborrece a luz e não vem para a luz para que as suas obras não sejam reprovadas" (Jo 3.20). Tudo o que tem a ver com Deus aponta os nossos pecados e a nossa culpa. Assim, nós começamos a nos afastar de coisas como a oração, o estudo da Bíblia e a pregação orientada pelo Espírito. Depois de algum tempo, embora saibamos que aquilo que estamos fazendo é errado, não mais nos importamos. E então não mais é possível se arrepender e voltar para junto dEle, sem a graça de Deus.

Quando um cristão se envolve em pecado sexual, começa a se sentir pouco à vontade com Deus. Será menor a probabilidade de que ele compareça à igreja e leia a Bíblia. Você pode ver isso no que escreveu esse aluno:

> Julie e o seu namorado foram criados em lares cristãos. Ali eles aprenderam que deveriam esperar para ter sexo depois do casamento. Eles haviam ouvido dos "velhos" que seriam arrebatados se permitissem que suas emoções os dominassem. Mas ambos sentiam que conseguiriam controlar suas emoções.

Depois de sair juntos durante oito meses, eles começaram a se tocar sexualmente. Aproximadamente dois anos mais tarde, eles finalmente cederam. Em uma época, eles haviam estado muito próximos de Deus. O seu pecado prejudicou, e muito, o seu relacionamento com o Pai. Os sentimentos de culpa estão ali desde que eles começaram a ir longe demais.

Deus quer proteger os jovens disso. Quando Deus nos chama para a santidade e para um andar diário na sua presença, Ele faz isso para o nosso próprio bem.

Proteção para não Ser uma Má Influência para outros Cristãos

A Bíblia diz: "Seja o vosso propósito não pôr tropeço ou escândalo ao irmão" (Rm 14.13). Quando um cristão faz sexo antes do casamento, isso pode fazer com que outro cristão tropece em seu andar com o Senhor. Isso pode acontecer pelo menos de três maneiras. Em primeiro lugar, um cristão que se envolve sexualmente com um crente impedirá que este cresça espiritualmente. Em segundo lugar, um cristão que induz outro a fazer algo que ambos sabem que é errado, prejudicará a consciência dessa pessoa. Em terceiro lugar, um cristão pode fazer com que o outro tropece, apenas pelo seu exemplo.

O propósito de um relacionamento entre dois cristãos deveria ser o de edificar, um ao outro, no Senhor. Para decidir se um relacionamento é bom ou não, cada um dos envolvidos deve se perguntar: "Com este relacionamento, estou crescendo em meu andar com o Senhor? A outra pessoa está crescendo e se aproximando mais do Senhor?" Se a resposta a qualquer dessas perguntas for "não", então o relacionamento não é bom.

Deus nos protege da má influência dos outros quando ordena que os seus seguidores não façam que outras pessoas tropecem.

Proteção Contra não Ser uma Má Influência para Pessoas não Cristãs

Um estudante disse estes sábios conselhos sobre o testemunho de um cristão para o mundo:

> Sendo cristãos, nós somos testemunhas para não cristãos. Enquanto passamos pela vida, precisamos nos lembrar de que os nossos atos sempre falarão mais alto do que as nossas palavras. O sexo antes do casamento é um ato de som muito "alto". Não é bom para o nosso testemunho como cristãos.

Talvez não haja nenhum resultado mais trágico para o pecado sexual dos cristãos do que o seu efeito sobre não cristãos. Quando o rei Davi sucumbiu ao pecado sexual, Natã lhe disse: "Com este feito deste lugar sobremaneira a que os inimigos do Senhor blasfemem" (2 Sm 12.14).

Conheço muitas pessoas que se envolveram com descrentes, esperando aproximá-los de Cristo. Porém, em vez disso, elas se envolveram sexualmente com essas pessoas. Por um lado, elas estavam tentando dar testemunho. Por outro, estavam seguindo pelo caminho da vida dos não cristãos.

Deus sabe que os jovens vivem em um mundo de pecado. Ele sabe que são grandes as tentações do mundo. Mas Ele pede que os jovens cristãos sejam suas testemunhas. Ele fornece os meios que os conservarão puros: as Escrituras, o Espírito Santo e o corpo dos crentes, a sua igreja.

Provisão para a Bênção Espiritual para a Pureza Sexual

"Porque esta é a vontade de Deus, a vossa santificação: que vos abstenhais da prostituição, que cada um de vós saiba possuir o seu vaso em santificação e honra, não na paixão de concupiscência, como os gentios, que não conhecem a Deus" (1 Ts 4.3-5). A Palavra de Deus é clara. Ele não permite o sexo fora do relacionamento do casamento. Quando os jovens conservam a pureza sexual, eles se tornam caminhos úteis para o amor de Deus. Então eles podem mostrar eficazmente Deus aos outros.

A pureza sexual nos protege dos terríveis resultados de ferir a santidade do sexo. Também nos protege e evita que usemos indevidamente o nosso corpo, o templo do Espírito Santo. A pureza sexual nos protege, impedindo que prejudiquemos o nosso testemunho por Cristo e permitindo que o mostremos como Ele é. A pureza sexual nos protege da dor que Salomão descreveu em Provérbios 6.27,28, quando advertiu seu filho para que não desejasse uma mulher ímpia: "Tomará alguém fogo no seu seio, sem que as suas vestes se queimem? Ou andará alguém sobre as brasas, sem que se queimem os seus pés?"

Permanecendo sexualmente puros, os jovens desfrutam da provisão e da promessa das bênçãos de Deus. Isso é verdade, em suas vidas sexuais futuras no casamento, bem como em muitas outras áreas da vida.

A Provisão da Bênção de não Desistir

Esperar alguma coisa traz excitação e entusiasmo. Quanto mais você espera, maior será a sua satisfação quando a coisa finalmente acontecer. Não desistir é um dos frutos do Espírito. Gálatas 5.22,23 (ARA) diz: "Mas o fruto do Espírito é: amor, alegria, paz, longanimidade, benignidade, bondade, fidelidade, mansidão, domínio próprio. Contra estas coisas não há lei."

Aqui está o que um jovem me escreveu sobre a espera: "Esperar ajudará a pessoa a conservar os seus desejos sob o controle de Cristo. Isso desenvolverá o autocontrole, um importante fruto do Espírito Santo".

Aquilo que somos quando o Espírito Santo opera em nossas vidas mostra a provisão de Deus para nós. Quando temos autocontrole, então teremos bondade e paz. Quando esperamos sem desistir, teremos amor e alegria. Quando o Espírito opera em nossas vidas, Deus nos abençoa de forma abundante. Ao mesmo tempo, as obras do Espírito estão ali, para nos proteger. Deus nos mantém fora de problemas quando conservamos nEle as nossas mentes.

Provisão da Bênção da Confiança

Deus sabe que os casamentos precisam ser edificados sobre a confiança. Se pensarmos que pode haver uma possibilidade de infidelidade, essa confiança é abalada. Uma jovem escreveu sobre o elemento da confiança em um relacionamento:

> Quando Deus me apresentou ao homem certo, nós trabalhamos durante quatorze meses a fim de guardar o sexo para o casamento. Agora, nós estamos casados há três anos. Nunca lamentei todas as vezes que disse "não", nem as razões para isso. Acredito firmemente que esperar até o casamento para fazer sexo somente pode tornar melhor o casamento. O fato de termos feito isso criou uma confiança inigualável. Nós dois amamos o Senhor e amamos um ao outro de tal maneira que desejávamos que a nossa primeira vez fosse com a pessoa que amaríamos pela vida inteira.

O mandamento de Deus de que guardemos o sexo para o casamento mostra o seu amor por nós. Ele quer nos proteger dos efeitos nocivos que a falta de confiança traz a um casamento. Ao mesmo tempo, Ele quer nos proporcionar a melhor vida sexual possível.

Um homem descreveu o que acreditava ser o modo de pensar de muitos jovens:

> Na maior parte do tempo em que eu estava na cama com uma mulher, desejava não ter ido tão longe. Depois de ter chegado a um ponto em que sabia que passaria a noite com ela, não havia mais prazer nisso, eu simplesmente concretizava o ato. Houve ocasiões em que tudo o que eu queria era terminar o mais rápido possível. Finalmente, deixei de fazer sexo quando entendi que este não é bom, a menos que estejam envolvidos uma confiança e um amor verdadeiros.

Gretchen Kurz, uma aluna na San Jose State University, concluiu um trabalho com as seguintes palavras:

> Com tudo o que está sendo dito sobre a liberdade sexual, é um pouco difícil admitir que ela não seja o que todos dizem que é. Por esta razão, estamos aqui, com a boca fechada e desconfortáveis demais para dizer que não conseguimos encontrar essa liberdade. Nós não conseguimos admitir isso para o mundo, ou, o que é ainda pior, nem para nós mesmos. Talvez devêssemos começar a corrigir a informação, dizendo que sem amor e confiança, não vale pena o esforço relacionado ao sexo.[1]

Ao responder a uma pergunta, minha esposa, Dottie, concluiu desta maneira: "A razão pela qual confio em Josh plenamente é o fato de que ele tem um histórico de confiança". O histórico foi construído ao longo do tempo.

Provisão de Deus para Preencher o Vazio

Muitos jovens começam a fazer sexo porque se sentem vazios. Deus não designou o sexo para satisfazer os mais profundos anseios de uma pessoa. Somente Jesus faz isso. Os jovens que prometem obedecer à Palavra de Deus e esperar pelo sexo se abrem para a bênção da presença de Cristo preenchendo o seu vazio. Aqui está o que uma jovem escreveu, depois de fazer esta descoberta:

> Desde que me tornei cristã, descobri que o vazio espiritual que pensava que pudesse ser preenchido por outra pessoa podia ser preenchido apenas por Jesus Cristo. Posso sentir um amor profundo e satisfatório sem sexo. Mas também consigo ver que o sexo é a maior maneira de demonstrar amor por outra pessoa, sem morrer por ela. Ele é tão maravilhoso que deve ser compartilhado apenas por aquelas pessoas que prometeram amar uma à outra pelo resto de suas vidas. Sou grata por ser capaz de esperar e dividir essa intimidade apenas com o meu marido.

Depois que nós formamos um relacionamento com Cristo, somente nós podemos romper esse relacionamento. Deus nunca dá as costas a ninguém. Ele nunca faz nada para prejudicar aqueles a quem ama. Isso é algo que não pode ser dito nem mesmo pelo melhor relacionamento humano.

Deus não tinha que criar o homem para amar. Deus é amor. Ele criou o homem para que o homem pudesse desfrutar das bênçãos do amor de Deus. Ele não nos criou para receber algo de nós, Ele nos criou para dar algo a nós. Ele provou o seu amor enviando Cristo para nos salvar. Este foi o maior preço que poderia ser pago por outra pessoa. Isso significa que não há limites para o valor que Deus atribui a cada um de nós.

As Bênçãos do Sexo Planejado por Deus

O mundo dá aos jovens uma falsa noção sobre as alegrias do sexo. As verdadeiras alegrias do sexo resultam de fazê-lo da maneira de Deus. Deus nos criou para que fôssemos seres sexuais. Ele sabe tudo sobre o sexo. Ele sabe quando devemos fazer sexo e quando não devemos. Como diz a Bíblia: "Tudo tem o seu tempo determinado, e há tempo para todo o propósito debaixo do céu" (Ec 3.1).

O tempo determinado por Deus para o sexo é o casamento. Quando os jovens esperam pelo tempo de Deus podem desfrutar das bênçãos divinas.

Capítulo
15

Por que o "Sexo Seguro" não É Seguro

Amy Stephens escreve:

> Um médico, amigo meu, telefonou-me na semana passada. Ele me disse que naquele dia ele tivera que dizer a quatro mulheres que elas sofriam de DSTs que não tinham cura. O seu comentário seguinte me chocou: "Eu passei horas em cirurgias tratando de DSTs que não têm cura. Como posso dizer à minha filha de 17 anos que o sexo é seguro?"[1]

A mensagem de sexo seguro de nossa cultura dá uma falsa sensação de segurança aos jovens. Eles pensam: *Eu quero fazer sexo, mas não quero engravidar nem contrair uma doença. Assim, farei o que a enfermeira da escola diz nas aulas. Farei sexo seguro usando um preservativo.*

O único problema é que o sexo seguro não é seguro. Na melhor das hipóteses, o sexo seguro é apenas mais seguro. No entanto, os preservativos são frequentemente recomendados nas escolas. Eles são até mesmo distribuídos gratuitamente aos alunos. Os médicos advertem às pessoas que os procuram: "Se você quer ter sexo antes do casamento, proteja-se com um preservativo". Outros dizem: "Não fazer sexo com uma pessoa que sofre de uma DST é a melhor maneira de evitar o contágio com uma DST, mas o Serviço Público de Saúde também aconselha o uso de preservativos".

Quando os jovens são aconselhados a usar preservativos, muitos deles pensam que a nossa cultura aprova o sexo antes do casamento. A diferença entre o sexo seguro e o sexo mais seguro pode significar grandes problemas para alguns jovens.

Os jovens devem esperar até o casamento para fazer sexo, porque o sexo seguro não os conservará nem um pouco mais seguros e protegidos da gravidez ou de uma doença. Deus quer proteger os jovens de uma sensação de falsa segurança. Ele quer proporcionar verdadeira segurança para eles, com a sua recomendação de que não façam sexo fora do casamento.

Os Perigos da Falha do Preservativo

A ideia de sexo seguro não é recente. Ela data do tempo em que remédios para controle de natalidade foram oferecidos ao público pela primeira vez. Com esse remédio, as pessoas se sentiam seguras para desfrutar o sexo sem o medo de engravidar. Os especialistas médicos não sabiam, então, que a liberdade que o remédio proporcionava também trazia muitas DSTs. Muitas pessoas sexualmente ativas não entendem hoje que o remédio para controle de natalidade nada pode fazer para protegê-las das DSTs.

Muitos especialistas concordam que os preservativos são uma maneira perigosa de fazer sexo. Por quê? Porque eles podem falhar. Eles vazam. Eles rompem. Os agentes contaminantes de algumas DSTs são tão pequenos que podem passar através dos preservativos.

Estudos mostram que a porcentagem de falhas dos preservativos é de aproximadamente 30%.[2] Pense nisso em termos humanos. Para cada dez estudantes que fazem sexo usando um preservativo, três delas vivenciarão uma falha do preservativo. O preservativo irá romper, vazar ou sair durante a experiência. Estas estudantes estarão sujeitas à gravidez e a doenças.

Muitas pessoas acreditam que o uso de preservativos e remédios irá evitar ou curar DSTs. O grande aumento de casos de DSTs mostra que isso não é verdade. A ciência moderna revela que os preservativos não proporcionam nenhuma proteção para várias doenças graves. Eles oferecem pouquíssima proteção para algumas outras doenças. Há algumas DSTs para as quais não existe cura. A única maneira de evitar uma doença que não pode ser curada é ficar longe dela. A única maneira eficaz de fazer isso é não praticar sexo antes do casamento e então se casar com alguém que tenha feito a mesma coisa.

O Dr. John Diggs do Family Research Council diz:

> Os preservativos são a parte mais importante da ideia de sexo seguro. A verdade é que as três DSTs mais comuns são transmitidas de uma pessoa a outra aproximadamente na mesma porcentagem como se nenhum preservativo fosse usado.
> É verdade que os preservativos detêm o HIV e a gonorreia, parte do tempo, se forem usados preservativos todas as vezes que uma pessoa tiver relações sexuais. Há dois problemas com isso. Primeiro, muitas pessoas não usam um preservativo todas às vezes. Segundo, mesmo que as pessoas usem preservativos todas às vezes, algumas delas ainda assim contrairão HIV ou gonorreia. No caso da gonorreia, isso não é muito grave, mas o HIV mata. Embora a morte possa levar anos, certamente virá. Enquanto isso, a pessoa que tem HIV pode transmiti-lo a outras pessoas.
> Três outras DSTs atingem milhões de norte-americanos todos os anos. Duas delas não têm cura. O triste é que tudo isso é o resultado de as pessoas pensarem que não há problema em ter relação sexual com toda e qualquer pessoa. Esses problemas poderiam ser completamente evitados se o sexo fosse limitado ao casamento.
> Nós nos perguntamos por que os grupos que são responsáveis por proteger a nossa saúde preferem não contar aos jovens como os preservativos falham. A resposta, creio, é que elas temem pedir que as pessoas mudem seus atos. Os preservativos são a resposta "fácil". Eles custam pouco e podem ser carregados facilmente. Mas eles não funcionam. As pessoas precisam ver que aquilo que Deus diz sobre o sexo realmente é verdade. O sexo deve ser reservado para o casamento.[3]

O texto a seguir foi extraído de um artigo da Internet, chamado: "Os preservativos e os cintos de segurança levam as pessoas a correr mais riscos?"

> Os cintos de segurança e os preservativos são dois instrumentos de segurança que, segundo dizem, reduzem riscos e salvam vidas. Três homens britânicos que estudaram isso propõem uma pergunta interessante: "É possível que algumas pessoas que estejam usando esses instrumentos de segurança corram mais riscos? Elas dirigem mais depressa ou fazem sexo com mais pessoas por causa de uma sensação maior de segurança?"[4]

É um ponto interessante. A ideia de sexo seguro se tornou mais popular entre os jovens quando as escolas e os grupos de saúde começaram a distribuir preservativos gratuitamente. Na realidade, as autoridades de saúde e os professores estão dizendo aos jovens: "Nós sabemos que você vai fazer sexo. Proteja-se. Leve esses preservativos com os nossos melhores votos".

Estudos revelaram que a distribuição de preservativos falhou. Com os preservativos tão fáceis de conseguir, alguns alunos que fazem sexo o fazem mais frequentemente. Os alunos que não fazem sexo se sentem tentados a experimentar. Isso dá aos jovens uma falsa sensação de segurança. Considere o seguinte relatório sobre o que aconteceu quando os preservativos foram distribuídos em escolas do Ensino Médio em San Francisco, St. Paul e Dallas:

> San Francisco: Eram apresentadas aos alunos a imagens que mostravam a maneira correta de usar um preservativo. Mas o programa de preservativos da Balboa High School acabou sendo um imenso fracasso. A taxa de gravidez aumentou em 25%. Isso também poderia significar um aumento similar no número de estudantes que poderiam ter uma DST.
> St. Paul e Dallas: Em dois programas em duas escolas que distribuíram preservativos, os resultados foram ainda piores que os de San Francisco. O programa de St. Paul, que se esperava

reduzisse a gravidez entre os estudantes, na realidade fez com que ela aumentasse em 33%. Uma escola em Dallas que distribuía preservativos acabou com uma taxa de gravidez 47% mais elevada do que outra escola, que não havia distribuído preservativos. É tolice crer que a distribuição de preservativos aos jovens poderia funcionar melhor se os especialistas dissessem aos jovens como usá-los. O ensinamento sólido sobre preservativos provou ser um completo fracasso.[5]

Virgindade É o mesmo que Abstinência?

Uma das razões pelas quais é tão importante ensinar o significado da verdadeira abstinência é o fato de que as pessoas virgens podem contrair DSTs. Isso é porque um homem e uma mulher podem permanecer virgens, se não concluírem o ato sexual.

"Virgem" é quando um rapaz não penetrou em uma garota, ou uma garota não foi penetrada por um rapaz. "Abstinência" é quando um rapaz ou uma garota não são sexualmente ativos, isto é, não há atividade sexual entre duas pessoas antes do casamento.

Estudos mostram a importância da abstinência completa até o casamento. É a única maneira de se proteger das DSTs. Além disso, a mensagem de abstinência é necessária, porque funciona e porque é o plano de Deus para todas as pessoas. Sem as regras de Deus sobre o sexo, os jovens podem sofrer todos os efeitos nocivos do sexo antes do casamento. Contar toda a história significaria ensinar os jovens sobre os resultados emocionais do sexo antes do casamento. Não existe um preservativo para o coração.[6]

A única maneira segura e saudável sexualmente para os jovens é a abstinência sexual. O recente crescimento no número de jovens abstinentes mostra que a abstinência sexual não apenas é saudável, é possível. A abstinência é mais que uma questão religiosa. É uma questão de saúde pública e pessoal.[7]

Provisão da Virgindade

No passado, norte-americanos mais jovens não aceitavam a ideia de seus pais de que o sexo antes do casamento era errado. Esta diferença se torna menor, à medida que a mensagem de abstinência se torna mais aceita. Em Atlanta, Geórgia, um grupo denominado Families First (Famílias em Primeiro Lugar) colocou junto às estradas placas que diziam, "Virgem: ensine aos seus filhos que esta não é uma palavra feia". Mensagens similares são veiculadas pela televisão.[8]

Muitas pessoas acreditam que mensagens como estas estão começando a ajudar toda a nação. Um estudo realizado em 1995 com mais de 500 estudantes do Ensino Médio mostra que 62% das garotas com experiência sexual disseram que "deveriam ter esperado".[9] Muitos rapazes concordaram. Um relatório de 1996 revelou que mesmo entre aqueles jovens que haviam feito sexo, 25% eram agora abstinentes.

A abstinência até o casamento é o plano perfeito de Deus para o sexo seguro. É a sua provisão de amor, para nós e nossos filhos. Isso pode não ser popular em muitos lugares, mas funciona. Isso é comprovado, pela seguinte história, que me foi contada por um amigo:

> Um comitê de uma escola local sobre regras convidou os pais de seus alunos do Ensino Médio para discutir o programa de educação sexual da escola. Depois que grande parte do material havia sido apresentado, um dos pais disse: "A abstinência não está recebendo importância suficiente". O orador fez uma brincadeira sobre isso e todos riram.
>
> Alguns minutos depois, o grupo fez uma pausa para pãezinhos e café. Esses pais sentiram que não seriam bem-vindos junto aos outros pais e por isso ficaram em seus lugares.
>
> Depois da pausa, o líder disse: "Por favor, olhem no verso do seu crachá, onde está o seu nome. Um deles tem uma flor". A pessoa que tinha a flor levantou a mão.
>
> Então, o líder disse: "Aqueles que apertaram a mão deste senhor podem, por favor, se levantar?" Quase todos se levantaram. Então, o líder disse: "Todos os que apertaram a mão de qualquer uma das pessoas que estão em pé, por favor, queiram se levantar". Somente os pais que aconselharam o ensino da abstinência não se levantaram.

> Então, o líder disse: "Digamos que a pessoa que tem a flor sofra de uma DST. Agora, todos vocês teriam a mesma DST. É com a mesma rapidez que ela é transmitida".
> Os pais que haviam aconselhado abstinência disseram: "Nós não apertamos a mão de nenhum de vocês. Na sua história, nós não temos a DST. Nós aconselhamos abstinência. Nós aceitamos a sua história e provamos o nosso ponto de vista".[10]

Nesta parte do livro, nós consideramos algumas razões pelas quais os jovens deveriam dizer "não" ao sexo antes do casamento. No restante do livro, vamos explorar várias maneiras de ajudar os jovens a fazer a promessa de esperar até o casamento para fazer sexo e ajudá-los a cumprir essa promessa.

Capítulo
16

O Desenvolvimento de uma Relação de Amor e Cuidado com os seus Filhos

Neste capítulo, vamos considerar maneiras de ajudar os jovens a resistir a uma cultura que os está empurrando para que façam sexo antes do casamento. Este estudante explica bem: "Creio que é o momento de os jovens conseguirem o amor de que precisam em casa, e não no banco traseiro de um carro velho".

O primeiro passo importante para evitar que os seus filhos façam sexo antes do casamento é ter um forte amor no lar. Esse amor deve ser entre o pai e a mãe e entre os pais e os filhos. Deus estabeleceu a família como uma maneira de mostrar a sua verdadeira face. Quando as famílias brigam ou se separam, os filhos têm muita dificuldade de entender o amor do Pai. Deus deseja que a família dirija a criança para o amor perfeito, para o próprio Deus.

O relacionamento de um cristão com Deus é baseado na confiança. Da mesma maneira, um filho precisa ser capaz de sentir total confiança em seus pais. Um cristão está seguro em seu relacionamento com Deus. Um filho deveria sentir a mesma segurança no seu relacionamento com seus pais. Como no nosso relacionamento com Deus, os filhos aprendem a amar seus pais, porque seus pais os amaram primeiro.

Um importante estudo revelou que "os garotos nascidos de mães com menos de 18 anos têm quase três vezes mais probabilidade de serem criminosos ao crescer, do que os filhos de mulheres que esperaram até os 20 anos para ter seu primeiro filho".[1]

Michael Dye disse: "As mães jovens têm maior probabilidade de ser solteiras e fracas. Elas não são capazes de dar e receber amor". Ele diz ainda: "Nós aprendemos o amor com nossas mães, mas as mães jovens não aprenderam a amar a si mesmas". Dye também disse que os pais dão aos filhos "uma sensação de quem eles são. Eles lhes dão propósito e objetivos".[2] Michael deve saber do que está falando. Ele é um dos diretores de Bethel House e da Santa Barbara Rescue Mission.

Como pais, nós precisamos passar mais tempo com os nossos filhos, qualquer que seja o custo. Nós precisamos saber que:

- se os nossos filhos não conseguirem falar conosco, falarão com outras crianças;
- se não passarmos tempo com eles, eles passarão mais tempo com outras crianças;
- se eles não encontrarem intimidade em casa, eles a buscarão entre outras crianças;
- se eles não tiverem carinho de seus pais, eles os conseguirão de outras crianças;
- se seus pais não os ouvirem, outras crianças o farão;
- os jovens gostam de relacionamentos. É por isso que gostam tanto de outros jovens.

Um Bom Relacionamento entre Pais e Filhos Leva a menos Envolvimento Sexual

Danny era um jovem cristão inteligente que veio me procurar em busca de conselho. "Às vezes, me sinto muito sozinho. Parece que ninguém se preocupa comigo. Minha mãe e meu pai vivem em seu próprio mundo e eu vivo no meu". Ele olhava além de mim, enquanto falava mais lentamente. "Não foi sempre assim. Sei que parece tolice, mas eu quero que eles me deixem em paz, mas também quero fazer parte de suas vidas. Na maior parte do tempo, eles me deixam em paz e acabo ficando muito solitário".[3]

A maior razão para a crise sexual dos jovens é o sentimento de estar separados de seus pais. À medida que os pais propiciam a força emocional, espiritual e mental para seu filho em um relacionamento de amor, a intimidade aumenta. Então a tentação de buscar intimidade por meio do envolvimento sexual se tornará menor.

Há cinco coisas que gostaria de compartilhar com você, que podem ajudá-lo a desenvolver um relacionamento mais íntimo entre pais e filhos.

Deixe que eles Saibam que São Aceitos

Os nossos filhos precisam saber que, aconteça o que acontecer, nós sempre os amaremos e os aceitaremos. Isso lhes dará a sensação de segurança de que tanto precisam no mundo de hoje. Às vezes, os pais aceitam um filho com base na maneira como o filho age. Enquanto o filho fizer o que os pais dizem, eles o aceitarão. Mas se o filho falhar, o amor dos pais e a sua aceitação serão removidos, por algum tempo, pelo menos.

Uma maneira de demonstrar aos filhos que eles são sempre aceitos é elogiá-los pelo que eles tentam fazer, mesmo que não sejam capazes de fazê-lo.

Faça-lhes muitos Elogios

Fazer elogios por quem seu filho é, dará a ele um sentimento de importância. Os filhos precisam saber que os seus pais são gratos por quem eles são. Quando os nossos filhos estavam crescendo, o nosso objetivo sempre era tentar flagrá-los fazendo algo bom. Quando encontrávamos alguma coisa, nós éramos rápidos em elogiá-los.

Seja honesto com o seu elogio. A maioria das crianças sabe quando o elogio não é sincero. Se você examinar atentamente, conseguirá encontrar boas coisas para elogiar sinceramente.

Apoie os seus Filhos

Quando você apoia os seus filhos, isso lhes dá uma sensação de importância e valor. Em simples palavras, se você passar tempo com os seus filhos, eles se sentirão importantes, porque eles se verão como uma parte importante de sua vida. Isso também fará bem a você, no futuro. Como diz minha sábia esposa: "Se passarmos tempo agora com os nossos filhos, eles passarão tempo conosco no futuro. Se mostrarmos um interesse neles agora, eles mostrarão interesse em nós no futuro.

Aqui estão algumas ideias para arranjar tempo e passar tempo com os seus filhos. De vez em quando, permita que eles fiquem acordados uma hora a mais do que o normal e passe essa hora com eles. Converse, jogue ou faça alguma coisa que possa interessar a eles.

Peça ao seu filho que o acompanhe, quando você precisar ir a algum lugar. É uma boa oportunidade para conversar. Leve seu filho para comer fora, ou vá com ele fazer compras. Vá a algum lugar onde vocês possam se sentar e ver as pessoas passarem. Observe as pessoas incomuns. Elas lhe ajudarão a ver o que o seu filho considera engraçado, feliz ou triste.

Os filhos precisam saber que são mais importantes para nós do que qualquer coisa que possamos estar fazendo quando eles precisam de nós.

Demonstre o seu Amor

Os filhos nunca se cansam de receber amor, mesmo em seus anos do Ensino Médio. Eles precisam ouvir "eu amo você" muitas e muitas vezes. Eles também precisam de beijos e carinho. Nunca é tarde para começar. Outra parte do amor é simplesmente se divertir com os seus filhos. Quando eles virem que você está se divertindo e está contente por estar com eles, isso fará com que eles se sintam seguros do seu amor. Fico assustado quando penso em quão pouco amor as crianças de 15 anos de idade estão recebendo em um período em que, na realidade, precisam de muito amor.

Estabeleça Responsabilidade com os seus Filhos

Estabelecer responsabilidade no seu relacionamento com os seus filhos lhes dará uma sensação de responsabilidade. Não estou falando aqui apenas sobre deixar que seus filhos sejam responsáveis diante de você. Isso é apenas metade da história. É também bom você se fazer responsável diante deles. Pedi que os meus filhos me ajudassem a ser o melhor pai que posso ser, apontando áreas em que posso melhorar.

Certa vez, pedi que os meus filhos escrevessem cinco maneiras como eles gostariam que os outros os tratassem. A primeira coisa que eles escreveram foi "gentileza". Li para eles Mateus 7.12 (a Regra de Ouro).

E disse que se eles queriam que os outros os tratassem com gentileza, eles deveriam começar sendo gentis com os outros.

Também tentei ajudar os meus filhos a entender que a maneira como nós tratamos os outros tem a ver com o nosso relacionamento com Deus. Certo dia, quando fui à loja com Sean, não estacionei bem o carro. Ocupei partes de duas vagas, em lugar de ocupar apenas uma. Então manobrei o carro e estacionei corretamente. Perguntei a Sean, "Você sabe por que fiz isso? Se eu ocupasse as duas vagas, alguma outra pessoa que desejasse vir a esta loja teria que estacionar mais longe. Isso não seria muito gentil de minha parte, não é?" Coisas como essas realmente ficam nas mentes de meus filhos. Elas os ajudam a ver que sou responsável diante de Deus pela maneira como trato as outras pessoas, bem como na maneira como os trato.

Quando esses cinco elementos estiverem embutidos no seu relacionamento com os seus filhos, eles farão com que esse relacionamento seja forte e saudável.

Edificar a Autoestima do seu Filho Leva a menos Envolvimento Sexual

Uma das principais razões pelas quais os jovens se envolvem com o sexo antes do casamento é o fato de que eles têm baixa autoestima. Um jovem conta como usou o sexo antes do casamento para aumentar a sua autoestima: "Quando uma garota olhava para mim, isso me provava o meu valor, como homem. À medida que fui me envolvendo cada vez mais com garotas, fui encontrando cada vez mais dificuldade em parar, e a minha vida acabou ficando cheia de culpa".

Mulheres com baixa autoestima contam histórias similares. Elas passaram a se envolver sexualmente para "provar" o seu valor. Outros jovens se tornam sexualmente envolvidos como uma maneira de fazer com que a má opinião que têm de si mesmos se torne ainda pior. Eles estão agindo de acordo com o que acreditam ser verdade a seu próprio respeito.

Em Romanos 12.3 Paulo disse: "Digo a cada um dentre vós que não saiba mais do que convém saber, mas que saiba com temperança, conforme a medida da fé que Deus repartiu a cada um". A verdadeira humildade de mente é conhecer quem somos, da maneira como Deus nos vê. É aceitar a nós mesmos como somos e dar a glória a Deus.

Há quatro coisas que devemos ter em mente sobre a maneira como pensamos sobre nós mesmos. Em primeiro lugar, a Bíblia nos diz que Deus criou o homem e a mulher como o ápice da criação. Em segundo lugar, a imagem bíblica de como Deus valoriza você é demonstrada pelo fato de que Ele deu o seu Filho para salvar você da punição pelos seus pecados.

Em terceiro lugar, cada um de nós é diferente. Deus criou você para ser você e ninguém pode ser você melhor do que você mesmo. Finalmente, a maneira bíblica de como devemos ver a nós mesmos é o fato de que somos amados e aceitos por Deus. Deus nos diz: "Com amor eterno te amei" (Jr 31.3). Ele nos aceita exatamente como somos. No minuto em que depositarmos a nossa confiança em Jesus Cristo como Senhor e Salvador, seremos aceitos na família de Deus. Nós passamos a pertencer a ela.

Edificar uma autoestima saudável em seus filhos envolve três elementos principais. O primeiro elemento é uma sensação de pertencer ou de ser amado, exatamente como sou. É saber que alguém realmente se interessa por mim.

O segundo elemento é um sentimento de valor. Sentir que temos valor significa que nos sentimos perfeitos e bons sobre nós mesmos, interiormente. É um sentimento de que você conquistou o amor e a aceitação dos outros. Uma das coisas mais importantes que você pode fazer para ajudar os seus filhos a se sentir dignos é ser cuidadoso na maneira como os corrige. Corrigir um filho por seus maus atos levará a uma autoestima saudável. Corrigir um filho por ser um "mau menino" leva a uma má autoestima. Todos nós temos que corrigir os nossos filhos. Mas quando fizermos isso, devemos ter cuidado para corrigir a ação e não a pessoa. Mesmo quando você estiver corrigindo os seus filhos, demonstre o seu amor por eles.

O terceiro elemento para edificar uma autoestima saudável é ter um sentimento de ser capaz de fazer bem alguma coisa. À medida que os filhos crescem, eles precisam entender que podem abordar novas tarefas e coisas difíceis, da maneira correta.

Aqui estão três maneiras para você ajudar o seu filho a desenvolver uma sensação de ser capaz:

Em primeiro lugar, ajude seu filho a encontrar pelo menos uma coisa que ele possa fazer especialmente bem. Se um filho puder se sentir especialmente bom em determinada área, isto compensará enormemente o fato de não ser capaz de fazer bem outras coisas. Depois de encontrar essa área, ajude-o a melhorar nela. Elogie-o por isso.

Em segundo lugar, ajude seu filho a desenvolver uma sensação de ser capaz, ajudando-o a experimentar grandes coisas e a buscar a concretização de grandes sonhos. Isso é particularmente verdadeiro em coisas que servem aos outros. Acredito, realmente, que aqueles que mais aproveitam a vida e têm a maior autoestima são os que têm um sonho sobre o que querem ser e dedicam suas vidas a alcançá-lo. É muito mais fácil que os filhos busquem objetivos dignos se seus pais os entusiasmarem. Ajudar o seu filho a encontrar áreas onde ele se saia bem também lhe dará uma sensação de controle da sua vida.

Em terceiro lugar, cada pessoa é uma criação diferente e especial de Deus. Ela é o objeto do cuidado especial de Deus e do seu maravilhoso amor. Se você puder ajudar seu filho a entender isso, então você terá feito muita coisa para tornar o seu filho apto a escolher uma vida pura.

Conversar com o seu Filho Leva a menos Envolvimento Sexual

Ser capaz de conversar com o seu filho é uma parte importante na edificação de um relacionamento de amor. Se você não conseguir conversar com o seu filho, você terá dificuldade para desenvolver um relacionamento íntimo. Você não conseguirá edificar a autoestima dele. Isso será ainda mais verdadeiro se ele não conseguir conversar com você.

Muitos jovens de hoje estão clamando por uma conversa verdadeira com um pai. Eles querem uma conversa que envolva não apenas a troca de pensamentos, mas também de sentimentos. Se os jovens sentirem que estão sendo ridicularizados quando falam, não desejarão compartilhar seus verdadeiros sentimentos ou opiniões. Se cada conversa levar a uma discussão, eles deixarão de conversar.

Jesus disse: "Deixai os pequeninos e não os estorveis de vir a mim, porque dos tais é o Reino dos céus" (Mt 19.14). É preciso esforço, mas os pais precisam ouvir os sentimentos que estão por trás das palavras. Isso é possível, se dermos aos nossos jovens tempo para que aflorem os seus verdadeiros sentimentos. Parte de conversar é ouvir com os nossos olhos, bem como com os nossos ouvidos. Se você observar os sinais silenciosos poderá apreender muito mais da conversa.

Conversar é importante para mostrar amor aos seus filhos. É também necessário para ajudá-los a lidar com a sua própria sexualidade.

Como você pode ajudar os seus filhos a conversar? Como você pode conversar melhor com os seus filhos? As regras a seguir me ajudaram, ao longo dos anos, enquanto eu me esforçava para conversar melhor com a minha esposa.

1. Trabalhe nisso. Nós precisamos fazer um esforço para conversar melhor com os nossos filhos. Alguns pais planejam fazer uma refeição fora de casa (talvez apenas um pai e sua filha) de vez em quando. Alguns fazem uma viagem juntos, ou um longo passeio de carro. Outras ideias são:

- correr, cozinhar, saírem juntos para qualquer lugar;
- planejar assuntos para conversar durante o jantar ou durante os passeios;

- convidar o filho para vir ao seu quarto para conversar, ou perguntar se você pode ir ao dele;
- perguntar as opiniões do filho e avaliar sinceramente essas opiniões.

2. Tente entender. Uma das formas de desenvolver intimidade é deixar que a outra pessoa perceba que você está tentando entender e que você se importa sinceramente. Isso fará com que vocês estejam mais abertos no relacionamento. Se um filho sente que um pai não quer ouvir ou entender, isso afeta a autoestima do filho. Os pais precisam observar como seus filhos estão pensando. Os filhos podem não entender as coisas da mesma maneira que as pessoas mais velhas e por isso precisamos conversar com eles de maneira que eles entendam.

3. Faça alguma coisa para mostrar que você está ouvindo. É fácil permitir que as nossas mentes pensem sobre outras coisas quando outra pessoa está falando. O seu filho estará mais disposto a conversar se puder ver que você está realmente ouvindo o que ele está dizendo. Aqui estão algumas maneiras de demonstrar o seu interesse:

- Use o seu corpo. Vire-se para o seu filho. Mova a cabeça para mostrar que está entendendo. Continue olhando nos olhos dele. Nada demonstra mais interesse do que os olhos.
- Faça perguntas. Quando faz uma pergunta, você está dizendo: "Estou interessado e quero entender".
- Reaja ao que ele disser, respondendo alguma coisa como, "Isso deve ter sido difícil para você".
- Mostre sentimentos honestos quando repetir alguma coisa que foi dita. Isso deixa as coisas mais claras, e leva a mais conversas.
- Fique em silêncio quando o seu filho estiver contando uma história. Você pode interromper alguma parte importante.
- Tente não pensar na sua resposta enquanto o seu filho estiver falando. Isso poderá lhe dar vontade de falar.

4. Ajude o seu filho a se sentir bem consigo mesmo. O próprio ato de ouvir dá uma sensação de valor, importância e amor. Isso faz com que seu filho se sinta importante. Diga a seu filho todos os dias: "Eu amo você". "Você é especial para mim". "Você me dá muito orgulho".

5. Olhe para o lado bom das coisas e não para o lado ruim. Procure as coisas boas a respeito de seu filho e converse sobre elas.

6. Guarde os segredos deles. Quando os seus filhos souberem que você consegue guardar as coisas para si mesmo, sentirão uma disposição maior para lhe contar os seus segredos. Se você desapontar o seu filho, peça desculpas — mas lembre-se disso na próxima vez.

7. Espere o momento certo. Provérbios 15.23 diz: "O homem se alegra na resposta da sua boca, e a palavra, a seu tempo, quão boa é!" Em qualquer relacionamento, uma conversa será mais útil se acontecer no momento certo. O amor deve ser o nosso guia, com respeito a quando e onde você dá más notícias ou conversa sobre algo difícil com o seu filho. Um pai me contou o seguinte:

> Certa manhã, o meu filho começou mal o dia. Ele pegou suas coisas e se dirigiu para a porta. Vi que ele não havia arrumado a cama, nem dado comida para o gato, nem guardado suas roupas. Falei com ele asperamente quando saiu pela porta. Ele me dirigiu um olhar rancoroso e correu para o ônibus. Senti-me muito mal. Que maneira de mandar um filho para a escola. Ele estava atrasado. Ele podia perder o ônibus e chegar tarde à escola. Era o momento certo de falar sobre essas coisas?

Há três momentos particularmente importantes em que você deve escolher suas palavras cuidadosamente: quando o seu filho está saindo pela porta, quando o seu filho volta da escola para casa e quando o seu filho está pronto para ir para a cama.

8. Compartilhe os seus sentimentos. Ao conversar com o seu filho, aprenda a dizer como você se sente, além do que você pensa. Às vezes, os pais ocultam seus sentimentos para que não entrem em uma discussão. Mas normalmente isso cria pressões que farão com que os sentimentos sejam liberados de outras maneiras. Alguns pais usam os seus sentimentos de uma maneira que faz com que os seus filhos se sintam culpados. Normalmente, isso faz com que o filho fale menos.

9. Esteja aberto. Não espere que o seu filho saiba o que você está sentindo. Fale claramente. Cada relacionamento seria melhor e mais íntimo se nós apenas começássemos a dizer como nos sentimos.

10. Aprenda a fazer concessões. Um relacionamento saudável com o seu filho em crescimento é uma situação de dar e receber. Isso não significa que um pai deva ser fraco a respeito de regras e do que é esperado. À medida que os filhos crescem e mostram que são responsáveis, devem receber mais liberdade e mais responsabilidade. Às vezes é difícil acompanhar a maneira como eles estão crescendo, mas é importante mudar as regras à medida que os jovens mudam. Isso evitará que eles se rebelem contra as regras que são destinadas para filhos mais jovens.

11. Seja honesto. Paulo enxergou esse assunto claramente, quando nos disse que deveríamos "seguir a verdade em amor" (Ef 4.15, ARA). Isto significa considerar os sentimentos da outra pessoa. Mantenha a sua conversa simples e direta. Parte de ser honesto é a sua disposição em pedir que os seus filhos o perdoem quando você estiver errado. Se pudermos admitir quando estamos errados, os danos podem ser diminuídos. A confiança pode ser estabelecida outra vez.

Comece Hoje

Aprender a conversar com o seu filho não acontece da noite para o dia, contudo você pode começar hoje. Cada esforço é muito útil para dizer aos seus filhos que eles são importantes. Uma boa conversa irá ajudar a estabelecer um relacionamento familiar para a vida inteira. Também ajudará os seus filhos a lidarem com a pressão sexual.

Capítulo
17

Encoraje um Relacionamento Profundo com Cristo

A necessidade humana de relacionamentos íntimos e satisfatórios é uma necessidade real. Os médicos que tratam da mente nos dizem que a maior necessidade humana é amar e ser amado. Nós desejamos nos abrir completamente com outra pessoa. Nós desejamos amor e intimidade, mas não sabemos como encontrá-los. Isso é verdade para os jovens e também para as pessoas mais velhas.

Apenas a intimidade sexual nunca poderá satisfazer a profunda necessidade que um jovem tem de intimidade. No entanto, há uma maneira de ter amor duradouro e uma intimidade que realmente satisfaça as nossas mais profundas necessidades. O caminho para essa intimidade está em um relacionamento pessoal com Jesus Cristo. Ele é o único que sempre nos ama com um amor perfeito.

Você pode ajudar os seus filhos a dizerem "não" ao sexo antes do casamento, ajudando-os a ter um relacionamento pessoal com Jesus. À medida que a intimidade deles com Cristo crescer, os seus jovens terão cada vez menos probabilidade de buscar a intimidade sexual.

Estabelecer um Relacionamento com Cristo

Há quatro ideias aqui que podem mudar a sua vida:

Em primeiro lugar, Deus ama você perfeitamente e quer lhe dar o melhor, em todas as áreas da sua vida. Isso inclui a sua vida sexual.

Em segundo lugar, todos nós temos o problema do egoísmo. Isso nos leva a desejar ultrapassar os limites dos mandamentos de Deus. A Bíblia chama isso de pecado e diz que há punições para o pecado. Uma das punições é não vivenciar todas as boas coisas que Deus deseja nos dar. Outra punição é a separação de Deus. A Bíblia diz que não podemos solucionar essa separação sozinhos.

Em terceiro lugar, Deus solucionou o problema da separação, enviando Jesus para morrer por nós. Ao fazer isso, Ele pagou o preço pelos nossos pecados.

Então Jesus ressuscitou dos mortos para nos dar uma nova vida. Ele preparou o caminho que leva a Deus, para que possamos vivenciar o amor perfeito de Deus por nós.

Em quarto lugar, cada um de nós deve decidir, aceitar ou rejeitar o que Deus já fez por nós. Se rejeitarmos isso, poderemos continuar a buscar a verdadeira intimidade, mas nunca a encontraremos. Se aceitarmos o caminho de Deus, Ele satisfará a nossa necessidade de amor e intimidade à medida que sentirmos o seu amor perfeito e o seu plano para as nossas vidas.

Se você desejar entrar nesse relacionamento íntimo com Deus, por intermédio do seu Filho, faça a seguinte oração:

> Amado Jesus, preciso de ti. Sei que sou um pecador e não consigo me arranjar sozinho. Agradeço-te, porque morreste na cruz para pagar o preço pelos meus pecados. Quero ter um relacionamento íntimo contigo. Por favor, perdoa os meus pecados, venha à minha vida como meu Salvador e encha o meu coração com o teu amor. Agradeço-te porque perdoaste os meus pecados e me deste a vida eterna. Ajuda-me a viver para ti, a partir de agora e faze de mim o tipo de pessoa que desejas que eu seja.

Depois que você iniciar um relacionamento com Jesus, você precisará desenvolver esse relacionamento. Para conseguir dizer "não" ao sexo, você precisa desenvolver e conservar um andar íntimo com Deus. Aqui está o que uma jovem disse a respeito desse tão necessário relacionamento:

É importante permanecer em um íntimo relacionamento com Jesus. Se começarmos a nos afastar dEle, seremos fracos demais para combater os nossos sentimentos sexuais. Se o seu relacionamento com Deus não está certo, então nenhum outro relacionamento poderá ser certo. Se tanto você como o seu namorado estiverem bem com Deus, será muito mais fácil obter a ajuda dEle quando vocês precisarem.

Desenvolver um andar íntimo com Cristo fará pelo menos três importantes coisas por você:

Primeiro, satisfará a sua necessidade de intimidade. O seu relacionamento com Deus é como um amor crescente. Você não se sentirá tão sozinho e não precisará mais preencher o vazio de sua vida de uma maneira sexual.

Segundo, à medida que você desenvolver um relacionamento mais íntimo com Deus sentirá um desejo crescente de agradá-lo. Por amor a Deus, você desejará fazer o que Ele ordena. Isso inclui a ausência do sexo antes do casamento.

Terceiro, você terá o poder de Deus para ajudá-lo a combater a tentação. 1 Coríntios 10.13 nos promete: "Não veio sobre vós tentação, senão humana; mas fiel é Deus, que vos não deixará tentar acima do que podeis; antes, com a tentação dará também o escape, para que a possais suportar".

Lidar com a Tentação

É preciso humildade de espírito para admitir que temos um problema com alguma coisa. No entanto, quando pensamos que podemos lidar sozinhos com a tentação sexual, estamos apenas nos encaminhando para o fracasso. Um jovem disse:

> Os jovens frequentemente se encontram em situações em que não podem dizer não. Muitas vezes nós dizemos: "Oh, consigo lidar com isso, se alguma vez me deparar com uma situação como essa". Nós não paramos antes de começar alguma coisa. Em vez disso, nós tentamos parar no meio. É como ler um bom livro. Depois de começar, é difícil deixá-lo de lado. Com o sexo, é a mesma coisa. Depois de começar, é difícil parar.

O primeiro passo para deixar de pecar é admitir, para si mesmo e para Deus, que você é fraco. Quando você admite a sua fraqueza, você sente a necessidade de se afastar das situações em que você será tentado. Você depende da força de Deus, pelo Espírito Santo, e não da sua própria força.

Pensar sobre a Palavra de Deus

A melhor maneira de conservar a sua mente livre de pensamentos tentadores é conservar a sua mente na Palavra de Deus. Salmos 119.9 diz: "Como purificará o jovem o seu caminho? Observando-o conforme a tua palavra". Continuar lendo a Bíblia é muito importante para a sua pureza sexual. Memorize algumas de suas passagens. Converse sobre a Bíblia com outras pessoas. Passe algum tempo diariamente com a Palavra de Deus. Isso protegerá você.

O seu pensamento guiará os seus atos. Cada tentação começa com algo que ouvimos ou vemos, e isso produz um pensamento. Enquanto a mente continua a pensar, forma-se uma decisão para agir de acordo com esse pensamento. A nossa cultura fala tanto sobre o sexo que você não será capaz de fechar completamente os seus olhos e ouvidos para o assunto. Se você ouvir a nossa cultura, a sua mente se encherá de pensamentos sobre sexo. Então será apenas um curto passo para se envolver com o sexo. Existe apenas uma maneira de impedir que isso aconteça. Essa maneira é controlar a sua mente.

Quando vier a tentação, você precisa lidar com ela imediatamente. Não permita que ela se instale em sua mente e permaneça ali. Uma maneira de controlar a mente é escolher o que vai entrar nela. Por exemplo, é muito mais fácil deter a tentação sexual quando você está lendo a Bíblia do que quando você está olhando para fotografias sobre sexo. Um aluno escreveu sobre isso:

> Não sou o tipo de pessoa que tem um bom controle dos pensamentos e dos atos. Mas leio a Bíblia todas as noites, mesmo quando estou muito cansado ou quando é tarde. Também sempre oro antes de ir para a cama. Depois de fazer essa pro-

messa a mim mesmo, há quase um ano, fico surpreso com a maneira como a maravilhosa graça de Deus me protegeu. "Que haja em vós o mesmo sentimento que houve também em Cristo Jesus" (Fp 2.5).

É difícil ter um desejo pecaminoso ou um pensamento impuro quando a sua mente está fixa em Jesus. Uma razão é o fato de que Jesus não tinha desejos pecaminosos nem pensamentos impuros. Se você quer dizer "não" à tentação sexual, fixe os seus pensamentos em Jesus. Colossenses 3.2 diz: "Pensai nas coisas que são de cima e não nas que são da terra".

Agradar a Cristo

As Escrituras nos dizem que não podemos servir a dois senhores (Mt 6.24). Isso é particularmente verdadeiro na área do sexo. Não podemos obedecer aos desejos de nossos corpos e ao Espírito Santo que nos ordena que sejamos sexualmente puros. Os nossos desejos sexuais nos dizem que devemos agradar a nós mesmos. O Espírito de Deus nos ordena que agrademos a Ele. Nesta batalha entre o nosso corpo e o seu Espírito, devemos decidir agradar ao Senhor e não a nós mesmos. Um estudante escreveu:

> ESPERE! Se você ama essa pessoa que você está namorando, espere! Se você espera amar a pessoa com quem se casará algum dia, espere! Se você ama a Deus, espere! Se você ama, você esperará, porque "O amor é paciente, é benigno; o amor não arde em ciúmes, não se ufana, não se ensoberbece, não se conduz inconvenientemente, não procura os seus interesses, não se exaspera, não se ressente do mal; não se alegra com a injustiça, mas regozija-se com a verdade; tudo sofre, tudo crê, tudo espera, tudo suporta." (1 Co 13.4,5). Por que esperar até o casamento para fazer sexo? Por amor. Este é o motivo.

À medida que você pensar na Palavra de Deus e tentar agradá-lo, você se tornará cada vez mais semelhante a Ele. A sua vida exibirá o fruto do seu Espírito Santo: "Mas o fruto do Espírito é:

amor, alegria, paz, longanimidade, benignidade, bondade, fidelidade, mansidão, domínio próprio. Contra estas coisas não há lei." (Gl 5.22,23).

Cristo Aceita Você exatamente como Você É

Um relacionamento pessoal com Cristo satisfaz a sua profunda necessidade de intimidade. Ele também satisfaz a sua necessidade de completa aceitação. A verdadeira aceitação vem somente de Deus. Ele criou você, não porque precisasse de você, mas porque Ele queria você.

Nós precisamos verdadeiramente de Deus. É nEle que vivemos e temos abundância de vida, agora e para sempre. Nós é que somos ajudados por um relacionamento com Deus, e não Ele. Quando soubermos disso, veremos o quanto somos valiosos aos olhos de Deus. Tudo o que Ele faz, faz por nós. Deus ordena que você ande com Ele para o seu próprio bem.

Deus considera cada um de nós tão importante que Ele enviou o seu próprio Filho para pagar o preço pelos nossos pecados. Ele também abriu a porta para o nosso relacionamento com o Senhor. Tudo o que temos que fazer é responder à sua oferta de amor. Com um amor repleto de tanta aceitação, e tão completo, como podemos recusar?

Você é amado por quem você é, e não pelo que faz. É por isso que a verdadeira aceitação pode vir apenas de Deus. Todas as pessoas precisam da saudável sensação de valor que Deus deseja que elas tenham. Isso é encontrado em Romanos 12.3 onde Paulo diz: "Digo a cada um dentre vós que não saiba mais do que convém saber, mas que saiba com temperança, conforme a medida da fé que Deus repartiu a cada um". Nós precisamos ter sempre em mente que tudo o que temos e tudo o que somos capazes de fazer são dons de Deus. Todas as coisas boas vêm de Deus (Tg 1.17).

Viver no Poder do Espírito Santo

Outro elemento muito necessário para dizer "não" à tentação sexual é o ministério da ação do Espírito Santo em nossas vidas.

A publicação a seguir, escrita por meu amigo, Chuck Klein, explica claramente o ministério do Espírito de Deus.

> Uma das coisas mais importantes para aprender a dizer "não" ao sexo antes do casamento é aprender a dizer "sim" à liderança do Espírito Santo em nossas vidas. Somente uma pessoa já viveu uma vida perfeita. Foi Jesus Cristo. Agora, pelo seu Espírito, Ele quer viver essa vida, por nosso intermédio.
>
> O desígnio de Deus para o sexo é nos proteger e nos agradar. Mas sejamos honestos. O seu plano está além do nosso poder. Deus jamais nos pede alguma coisa sem nos dar a possibilidade de fazê-la. Como Deus faz isso? Um cristão é alguém que tem em si o Espírito Santo. 1 Coríntios 3.16 nos diz: "Não sabeis vós que sois o templo de Deus e que o Espírito de Deus habita em vós?" Se você recebeu a Cristo, o Espírito de Deus (o Espírito Santo) vive em você agora mesmo.
>
> O Espírito Santo nos torna novas pessoas em Cristo. Ele nos dá as ferramentas para lidar com pressões e problemas sérios, como a grave questão do sexo! Deus quer que usemos o nosso livre-arbítrio obedecendo ao seu Espírito. Ele quer que deixemos que Ele nos dê o seu poder para atacar os nossos problemas sexuais. Quando o Espírito Santo está produzindo a sua bondade em nós, temos a liberdade de vivenciar o tipo de relacionamento que agrada a Deus. Existe o poder de dizer não, e esperar.[1]

Como podemos dar ao Espírito Santo o controle de nossas vidas? Há quatro passos.

Primeiro, confesse os seus pecados. A Bíblia diz: "Se confessarmos os nossos pecados, ele é fiel e justo para nos perdoar os pecados e nos purificar de toda injustiça" (1 Jo 1.9). Se você quiser endireitar as coisas com Deus, dedique algum tempo agora mesmo e faça uma lista das coisas que você sabe que deve confessar. Concorde com Deus sobre essas coisas na oração. A seguir, agradeça a Deus pelo seu perdão.

Segundo, conheça a vontade de Deus. O Pai deseja que estejamos cheios do seu Espírito. Efésios 5.18 diz: "Enchei-vos do Espírito". Se a vontade de Deus é que estejamos cheios do Espírito, o que deveríamos fazer a seguir? 1 João 5.14-15 nos diz: "E esta é a confiança que temos nele: que, se pedirmos alguma coisa, segundo a sua vontade, ele nos ouve. E, se sabemos que nos ouve em tudo o que pedimos, sabemos que alcançamos as petições que lhe fizemos". Quando pedimos a Deus alguma coisa que Ele deseja que tenhamos, Ele a dará a nós.

Terceiro, peça que Ele encha você. Deus quer que você vá até Ele em humildade de espírito e peça que Ele o encha com o seu Espírito. Você pode ou não se sentir diferente depois que o Espírito de Deus assumir o controle.

Lembre-se, Deus opera em nossas vidas porque nós colocamos a nossa fé na sua Palavra. No que diz respeito às nossas vidas sexuais, devemos ter a influência de amor do Espírito de Deus.

Quarto, siga a sua orientação. Você tem que decidir dar ao Espírito Santo o controle sobre a sua vida. Então, à medida que os dias passam, o Espírito de Deus assumirá cada vez mais controle. Mas tenha cuidado. Você deve sempre cooperar com o Espírito de Deus. Se você falhar, deixe que Deus levante você. Temos que escolher nos afastar das coisas ruins que danificam a nossa vida sexual, e o nosso relacionamento com Cristo. Se estivermos dispostos a nos afastar, o Espírito de Deus possibilita que nos afastemos. Quando o Espírito está no controle, encontramos poder e liberdade.

Os relacionamentos são necessários para ajudar os nossos jovens a dizerem "não" ao sexo antes do casamento. Eles serão ajudados enormemente por meio de um relacionamento de amor e ajuda com os seus pais. Mas um relacionamento íntimo com Cristo e com o seu Espírito é ainda mais importante.

Capítulo 18

Ensinar Valores Sexuais no Lar

Os pais têm a maior responsabilidade de impedir que os jovens se envolvam sexualmente. Devem ser pais que os amem. Devem ser pais cujas vidas e cujo casamento eles aprovem e cujo exemplo desejem imitar.

Se os meus filhos me procuram com uma questão sexual e sinto que estão pensando em fazer algo que não devem, lhes faço três perguntas: (1) Você sabe que eu amo você? (2) Você sabe que eu amo a sua mãe? (3) Quando você se casar e tiver amor, sexo e filhos, você espera que a sua família seja como a nossa família? Esta última pergunta é mais importante.

Se eles responderem "sim" a essas três perguntas, tenho a base perfeita para influenciar os seus pensamentos e ações. Quanto mais ajuda dermos aos nossos filhos, por meio dos exemplos que lhes mostramos, mais eles serão capazes de fazer uma escolha correta.

Como Ser um Bom Exemplo

Os filhos precisam ver exemplos em ação de como deve ser um casamento. Se eles não tiverem o exemplo no lar, mais tarde deixarão um relacionamento tão logo se deparem com um conflito.

O relacionamento que os filhos têm com seus pais é a primeira coisa que os impedirá de ceder às pressões de fazer sexo antes do casamento. Outra coisa muito importante é o relacionamento que eles veem entre seu pai e sua mãe. É preciso filhos seguros para dizer "não" à pressão. Uma grande parte dessa segurança vem de saber que o relacionamento entre os seus pais é seguro. Uma das maiores coisas que posso fazer pelos meus filhos é amar a mãe deles.

É interessante que a passagem das Escrituras que nós gostamos de repedir aos nossos filhos é: "Vós, filhos, sede obedientes a vossos pais no Senhor, porque isto é justo" (Ef 6.1). Isso vem imediatamente depois de Efésios 5.33. Ali Paulo diz a cada esposo: "Cada um em particular ame a sua própria mulher como a si mesmo, e a mulher reverencie o marido". A segurança no lar vem quando um marido e uma esposa se amam e demonstram isso. Quando o pai e a mãe honram, um ao outro, os filhos aprendem a obedecer.

A Necessidade de Ser um Exemplo de Amor

Muitos jovens que se envolvem com o sexo antes do casamento não estão, na realidade, procurando apenas sexo. Eles querem intimidade. Eles querem conversar, entender e ser entendidos. Eles querem amar e ser amados. Os jovens costumavam receber o amor e a segurança de que precisam de seus pais, de seus irmãos e irmãs. Hoje em dia, no entanto, as famílias estão se desintegrando.

Minha esposa, Dottie, descobriu uma diferença importante em Efésios 5.33. Enquanto a primeira necessidade de uma esposa é amor, a primeira necessidade de um homem é respeito. O amor satisfaz a mais profunda necessidade de uma mulher. Os homens parecem desejar ser respeitados como provedores e protetores do lar. Assim, quando eu falo sobre demonstrar amor, estou falando principalmente com os maridos. Quando eu falo sobre demonstrar respeito, estou falando principalmente com as esposas.

Como podemos ser exemplos de amor e respeito? Principalmente, o amor e o respeito devem ser mencionados. Os filhos precisam ouvir seu pai dizer à sua mãe, "Eu amo você". Eles precisam ouvir sua mãe dizer ao seu pai, "Eu acredito em você".

A nossa filha, Kelly, costumava falar de maneira desrespeitosa com sua mãe. Certa vez, quando eu estava em casa, a ouvi falar dessa maneira. Fiz com que ela se sentasse em uma cadeira. Então me abaixei sobre um dos joelhos e a olhei nos olhos. "Mocinha", eu disse: "você pode falar com a sua mãe dessa maneira, mas nunca permitirei que você fale com a minha esposa dessa maneira! Eu amo essa mulher!"

Essa única e firme mensagem fez com que Kelly deixasse de falar dessa maneira. Alguns meses depois, ela começou a falar com Dottie da mesma maneira outra vez. Mas ela se flagrou fazendo isso, e me disse: "Oh, não posso fazer isso com a sua esposa, não é?"

Outra maneira como mostro o meu amor por Dottie diante de nossos filhos é deixando pequenos bilhetes de amor para que ela encontre. Os filhos gostam de observar quando ela os encontra. Outra ideia é envolver os seus filhos para ajudar a planejar momentos especiais para a sua esposa ou esposo.

Aqui está uma lista de maneiras como os esposos mostram amor, segundo suas esposas.

- Ele inicia o momento de oração da família.
- Ele diz à família que "a minha esposa é uma pessoa especial".
- Ele perdoa rapidamente. Ele demonstra amor e aceitação incondicionais.
- Ele se certifica de que eu tenha tempo para mim mesma e para o Senhor.
- Ele se lembra de datas especiais.
- Ele olha para mim quando eu converso com ele e se lembra do que eu digo.
- Ele compartilha comigo os seus sentimentos e mostra a sua confiança.
- Ele ama os nossos filhos e vê as pequenas coisas que eles fazem.
- Ele me elogia sobre coisas especiais e observa quando eu trabalho arduamente em alguma coisa.
- Ele me ajuda com pequenas coisas, como limpar a mesa depois de uma refeição.
- Ele cuida de mim quando estou doente.

- Ele ama a minha família e se interessa por ela.
- Ele parece saber quando estou triste e me trata com uma gentileza especial.

Aqui está uma lista de maneiras como as esposas mostram respeito, segundo seus esposos.

- Ela me diz que confia em mim.
- Ela me honra em público e me elogia diante dos nossos filhos.
- Ela encontra tempo para mim e oferece o seu tempo para fazer as coisas que eu quero.
- Ela procura o meu conselho.
- Ela não me critica em público.
- Ela me ouve atentamente.
- Ela diz que me ama e me respeita.
- Ela me apoia, dizendo aos outros que podem me procurar em busca de conselhos ou ajuda.
- Ela me dá liberdade e respeita o meu tempo pessoal.
- Ela tem uma elevada opinião a respeito de quem eu sou, do que eu faço e do que eu digo.
- Ela prepara as refeições de que eu mais gosto.
- Ela me deixa sonhar e definir objetivos e me ajuda a alcançá-los.

As Dificuldades de Ser uma Mãe Solteira

Se você é uma mãe solteira, você tem um trabalho particularmente difícil. Você não tem um ajudador com quem possa ser um exemplo de um relacionamento forte e amoroso. Você nem mesmo tem a esperança de tornar bom um mau casamento. O que você pode fazer?

Não há uma resposta fácil. Há apenas três coisas que posso lhe dizer. Primeira, ainda mais que a mãe casada, você precisa dar a seu filho muito amor e tempo. Planeje coisas interessantes para fazer e conversar com ele.

Segunda, se o seu marido ainda estiver vivo, mas vocês não estiverem mais casados, converse com os seus filhos sobre como pode ser o casamento. Não tenha medo de admitir os erros que você cometeu.

Terceira, mostre, com suas ações e suas palavras, que o casamento é o único lugar correto para um relacionamento sexual. Você mesmo deve resistir às pressões de nossa cultura para ter relações sexuais fora do casamento.

Como Reforçar os Bons Valores

Há muitas outras influências sobre os nossos filhos. Algumas dessas influências podem não ser boas. Quando paramos para pensar sobre o tempo que passamos com nossos filhos, pode ser apenas alguns momentos por dia. Este é todo o tempo que você tem para exercer uma influência direta sobre as suas vidas. No passado, os filhos tinham uma influência útil de outros membros da família que vivesse nas proximidades. Isso, frequentemente, não mais é verdade. É por isso que precisamos nos assegurar de que as influências sob as quais os nossos filhos se encontram agora estejam de acordo com os nossos valores.

Busque a Pressão para o Bem por Parte de outros Jovens

Não pense que apenas porque os seus filhos estão envolvidos em um bom grupo, estarão sob uma boa influência. Dedique o tempo necessário para conhecer os líderes do grupo, bem como outros jovens do grupo. Você deve saber quais influências os seus filhos estão recebendo e como se opor a qualquer má influência. Também é importante que você converse com os seus filhos sobre o que eles estão fazendo e sobre os seus amigos. Se você tiver uma conexão de amor com eles, você saberá como vão as coisas.

Envolva-se com a Escola e os Professores

Os professores estão próximos do topo da lista de pessoas que influenciam os nossos filhos. Os pais devem comparecer às reuniões da escola, como as reuniões de pais e mestres. Se houver algum problema, entre em contato com a escola. Muitos professores querem fazer um bom trabalho, mas podem não compartilhar dos seus valores cristãos.

Examine cuidadosamente o que há em seus livros de escolas e suas salas de aula. Embora alguns professores não concordem, os pais são os maiores responsáveis pela educação dos seus filhos. Não tenha medo de objetar se você encontrar material ofensivo naquilo em que os seus filhos são ensinados.

Os Filhos Sozinhos em Casa

Se o seu filho vai estar sozinho em casa durante várias horas depois da escola, quem ou o que irá influenciá-lo durante esse tempo? Serão outros jovens, a televisão, ou alguma outra coisa? Hoje em dia, o lugar mais comum para o sexo antes do casamento é em casa, à tarde, quando o pai e a mãe estão trabalhando.

O que você pode fazer? Você pode tentar envolver o seu filho em algo como esportes ou um cursinho. Ou talvez o seu filho possa ir para a casa de alguém, perto de onde você mora. Certifique-se de que essa pessoa também é um exemplo do que um cristão deve ser.

O Poder dos Livros

É importante que você entenda que pode influenciar o modo de pensar dos seus filhos por meio de bom material de leitura. Tente desenvolver em seus filhos um amor por bons livros, em particular a Bíblia. Os bons livros podem servir para ensinar os valores cristãos que você deseja que seus filhos aprendam. É particularmente bom dar aos seus filhos mais velhos histórias sobre grandes cristãos do passado.

Orientações para Ajudar os Jovens a Usarem o Computador em Casa

Aqui estão algumas ideias úteis para proteger seus filhos das más influências no computador.

- Estabeleça regras para os seus filhos sobre o uso do computador para quando eles estiverem fora de casa.

- Conheça os problemas para a segurança das crianças no computador.
- Passe algum tempo no computador ao lado de cada filho e estabeleça a confiança sobre o uso desse aparelho.
- Coloque o seu computador em uma área da casa em que você possa observar o seu filho facilmente.
- Pergunte diariamente a seus filhos sobre os amigos que eles conheceram na Internet.
- Bloqueie mensagens de pessoas que você e seus filhos não conheçam.
- Não permita que os seus filhos coloquem seus retratos na Internet, porque uma pessoa perversa poderá vê-las.
- Converse com os seus filhos sobre o que eles podem ter em uma página de Internet gratuita — nada de colocar o número do telefone.
- Verifique com a escola de seus filhos para saber o que está sendo colocado nas páginas da escola.
- Acompanhe a quantidade de tempo que seus filhos passam no computador e em quais horários do dia. Muito tempo no computador, especialmente à noite, pode evidenciar um problema.
- Observe mudanças no comportamento de seus filhos.[1]

Ser um pai ou uma mãe, hoje em dia, não é fácil. Mas com atenção, planejamento e esforço, podemos dar aos nossos filhos um grupo saudável de amigos que compartilhem os valores cristãos que ensinamos.

Como Ensinar o Plano de Deus para o Sexo

O melhor lugar para que os jovens aprendam o plano de Deus para o sexo é em casa. Aqui estão alguns elementos principais sobre o sexo que você deve transmitir aos seus filhos.

No Princípio, Deus Criou o Sexo

Para entender o sexo no plano de Deus, precisamos voltar ao princípio. "E formou o Senhor Deus o homem do pó da terra e soprou em seus narizes o fôlego da vida; e o homem foi feito alma vivente" (Gn 2.7). Adão foi o fim do plano de Deus para a criação. "E viu Deus tudo quanto tinha feito, e eis que era muito bom" (Gn 1.31).

No entanto, depois da criação do homem, Deus viu que algo não era bom. "E disse o Senhor Deus: Não é bom que o homem esteja só" (Gn 2.18). Deus "criou o homem à sua imagem" (Gn 1.27). Isso fez do homem um ser social, porque Deus é um ser social. Ainda que a criação de Deus fosse boa e perfeita, não era bom que Adão estivesse sozinho.

É interessante que Deus não tenha solucionado o problema de Adão estar sozinho, criando outros homens. Em vez disso, Ele criou a mulher. Quando a mulher apareceu, a criação de Deus estava completa.

Quando você estuda o plano de Deus para o sexo, três coisas ficam claras: (1) Deus é a favor do sexo; Ele criou o sexo, e deseja que nós o aproveitemos ao máximo. (2) A experiência do sexo deve criar uma unidade entre um homem e uma mulher. (3) Deus destinou o sexo para o casamento.

Deus espera que o sexo seja desfrutado por um esposo e uma esposa. Você pode ver isso claramente, em Provérbios 5.18,19: "Seja bendito o teu manancial, e alegra-te com a mulher da tua mocidade, como cerva amorosa e gazela graciosa; saciem-te os seus seios em todo o tempo; e pelo seu amor sê atraído perpetuamente".

Eva não era apenas uma amiga para Adão, mas a sua vinda possibilitou um tipo especial de unidade, de todas as maneiras. "Portanto, deixará o varão o seu pai e a sua mãe e apegar-se-á à sua mulher, e serão ambos uma carne" (Gn 2.24). Isso significa mais do que simplesmente os corpos, isso inclui também a mente e a alma.

No plano de Deus, o casamento é a união permanente de duas pessoas. Paulo usou o exemplo de Cristo e a igreja para fornecer um entendimento mais profundo de tal união (Ef 5.31,32). Com base nesse relacionamento, um marido cristão e uma esposa cristã não se divorciam. Esse caminho cristão é muito diferente de uma cultura em que as pessoas se divorciam pelas menores razões.

O Plano de Deus para o Sexo

Os jovens terão mais facilidade para dizer “não” ao sexo se entenderem que Deus tem um plano adequado para a sua vida sexual. Há três principais razões para o sexo no casamento: desenvolver a unidade entre marido e mulher, ter filhos e ter prazer. Um jovem disse bem: “As regras, e particularmente as regras de Deus, são um bom ensinamento, que dão maior paz e alegria a nossas vidas do que poderíamos imaginar”.

Como Ensinar sobre o Sexo em Casa

Um jovem me escreveu:

> Os pais precisam ser mais ativos para desenvolver o entendimento do seu filho sobre o sexo. Os pais devem oferecer orientação e conduzir a criança na direção correta. Permitir que o filho se envolva em uma situação com a qual ele não é capaz de lidar poderá resultar, facilmente, em danos. Nos jovens, a mente frequentemente não é tão desenvolvida como o corpo. Os pais precisam estar envolvidos em cada etapa da sexualidade em desenvolvimento de seu filho. Nunca é tarde demais para começar a ensinar seus filhos sobre o sexo.

Onde Começar

Nós precisamos deixar que os nossos filhos saibam que o corpo é um presente maravilhoso de Deus. Eles precisam saber que todas as partes do corpo e seu funcionamento são normais e que não precisamos nos envergonhar delas. A verdadeira discussão e ensinamento sobre o sexo precisa começar já aos três ou quatro anos de idade. A única coisa que deve ser decidida é se os nossos filhos vão aprender de nós ou da nossa cultura.

Quanto mais jovens forem os filhos, mais desejarão que seus pais lhes ensinem sobre a vida e tudo o que há nela. Tenha em mente que é sempre mais difícil corrigir um modo de pensar incorreto do que impedir que uma criança o aprenda. Se começarmos cedo a ensinar os nossos filhos, poderemos poupar, tanto a nós como a eles, de um grande desgosto mais tarde.

O que Dizer

Ensine seus filhos coisas que eles possam entender em sua idade. Deixe-se guiar pelas perguntas que eles fazem. Ensinar muita coisa cedo demais a um filho pode causar mal-entendidos e medo. Quando você falar sobre sexo, use as palavras corretas. Desta maneira, eles saberão quando os outros usarem palavras erradas. Se você não souber tudo o que deveria saber, consiga os fatos de um livro ou do seu médico.

À medida que os seus filhos ficam mais velhos, ensine-os sobre os resultados de suas palavras e ações na área do sexo. A seguir, ensine seus filhos que a sua natureza é exibida pelo que eles dizem e fazem. Isso mostra a opinião deles a respeito do sexo. Sempre ensine sobre o sexo com os valores incluídos. O que fazemos sexualmente envolve o nosso relacionamento com Deus. Ele sabe e quer apenas o que é melhor para nós.

Como Dizer

Os seus filhos poderão fazer muitas perguntas. Use essas perguntas para ensinar. Se você e seu filho virem uma mulher grávida, converse sobre isso. Você pode ensinar o propósito de Deus para o sexo e a sua beleza. Conserve sobre como as pessoas hoje em dia estão muito distantes do desígnio de Deus. Saiba até que ponto o seu filho consegue entender e conheça o nível do seu interesse.

Como Ensinar os Valores Cristãos sobre o Sexo

Ensinar a posição cristã sobre os relacionamentos aos nossos filhos é uma das coisas mais importantes que podemos fazer por eles. Isso os ajudará a dizer “não” ao sexo antes do casamento. Vamos considerar quatro maneiras pelas quais a posição cristã deve ser diferente da posição do mundo.

Em primeiro lugar, o cristão acredita que cada pessoa é especial e de grande valor, porque cada pessoa é criada à semelhança de Deus. Cada pessoa é digna de consideração.

Em segundo lugar, o cristão acredita que não devemos usar as pessoas para satisfazer as nossas necessidades.

Em terceiro lugar, o cristão acredita que devemos tratar os outros com o amor e o respeito que Deus nos dedica. 1 Coríntios 13.4-8 diz como Deus nos ama. Esse é o tipo de amor que queremos receber de outras pessoas. Assim, é o tipo de amor que devemos ter por elas (Mt 7.12).

Em quarto lugar, o cristão acredita na importância de esperar. "O amor é paciente", diz 1 Coríntios 13.4 (ARA). O leito matrimonial é o momento e o lugar para a intimidade sexual e para o prazer.

Como você pode ensinar os valores bíblicos sobre o sexo aos seus filhos? A primeira e mais importante maneira é pelo exemplo. As ações falam mais alto do que as palavras. Mas existe também a necessidade de um ensinamento planejado. Este tipo de ensinamento tem lugar facilmente em momentos, por exemplo, quando a família está tendo refeições juntas.

Os filhos mais jovens vão gostar de passar esse tipo de tempo com você. Entretanto os filhos mais velhos poderão ter mais dificuldade. Pode parecer difícil, quando você tentar fazê-lo pela primeira vez. Continue. Você e os seus filhos se acostumarão a isso e acabarão passando momentos deliciosos juntos. O sexo precisa ser discutido em casa. Os filhos precisam entender que o sexo é maravilhoso, que vale a pena esperar por ele. O nosso objetivo, como pais, não é conservar o sexo desconhecido e inexplorado.

Capítulo
19

Ajude os seus Filhos a Desenvolverem a Capacidade de Dizer "Não"

"Alyson, eu realmente amo você".

"Eu também amo você, Brett".

"Então, nós devemos celebrar".

"Celebrar? Do que você está falando?"

"Você sabe, a maneira como muitas pessoas celebram quando estão profundamente apaixonadas".

"Você está falando de sexo? Brett, amo você. Realmente, amo. O amor ainda não significa sexo para mim. Decidi permanecer intocada, até me casar, até nos casarmos, se é que vamos nos casar".

"Amor significa sexo! Sexo significa amor!"

"Não, Brett, não farei sexo até estar casada. Se você não consegue esperar até lá, talvez você não seja aquele a quem estou esperando".

"Mas Alyson — podemos conversar sobre isso?"

"Não. Tomei essa decisão há dois anos. Lamento muito por você, mas a resposta é não".

De onde vem a força para dizer "não" ao sexo, mesmo quando pode ser algo que um jovem quer? Ela começa com o desenvolvimento de crenças firmes e uma consciência a respeito do sexo.

Ajude seu Filho a Formar Crenças Fortes

Uma pessoa sem fortes crenças normalmente seguirá o líder de qualquer grupo em que estiver. Mas alguém que pode se levantar e dizer, "tenho meus motivos" normalmente terá a força de agir corretamente, mesmo que faça isso sozinho.

Considere o que este jovem compartilhou comigo a respeito de fortes crenças: "É difícil esperar, ter autocontrole, quando todos os outros estão 'fazendo'. Mas as crenças firmes são coisas excelentes que qualquer um de nós pode ter".

A Palavra de Deus é a nossa única base para crenças fortes. A Bíblia é clara:

> Fugi da prostituição. Todo pecado que o homem comete é fora do corpo; mas o que se prostitui peca contra o seu próprio corpo. Ou não sabeis que o nosso corpo é o templo do Espírito Santo, que habita em vós, proveniente de Deus, e que não sois de vós mesmos? Porque fostes comprados por bom preço; glorificai, pois, a Deus no vosso corpo e no vosso espírito, os quais pertencem a Deus (1 Co 6.18-20).

> Porque esta é a vontade de Deus, a vossa santificação: que vos abstenhais da prostituição, que cada um de vós saiba possuir o seu vaso em santificação e honra, não na paixão de concupiscência, como os gentios, que não conhecem a Deus (1 Ts 4.3-5).

Os jovens precisam de uma maneira completamente cristã de considerar o mundo. Isso afetará a maneira como eles agem, incluindo os seus relacionamentos sexuais. Mas muitos jovens de hoje não veem o mundo com base na verdade de Deus.

Uma Necessidade de Mudança

Os filhos aprendem a copiar o mundo que veem à sua volta. Eles formam seus pensamentos sobre o que veem outras pessoas fazendo. A Bíblia diz: "Não vos conformeis com este mundo" (Rm 12.2).

As crenças são formadas quando os filhos observam seus pais e ouvem por que eles agem de uma determinada maneira. É por isso que Deus nos deu a família — para ser o ambiente em que os filhos aprendem e desenvolvem suas próprias crenças sobre o amor, o sexo e o casamento. Mas muitos pais hoje em dia não têm crenças fortes sobre valores sexuais. Isso torna difícil para uma criança desenvolver quaisquer crenças pessoais, especialmente em uma área tão convidativa como o sexo.

Por causa disso, é necessária uma mudança para os filhos e seus pais. Romanos 12.2 continua, "mas transformai-vos pela renovação do vosso entendimento, para que experimenteis qual seja a boa, agradável e perfeita vontade de Deus". Essa mudança envolve três fatos importantes. Primeiro, precisamos ensinar o que a Bíblia diz sobre o sexo. Segundo, precisamos que o Espírito Santo faça a mudança. Terceiro, precisamos agir de uma maneira que mostre os benefícios que queremos que os nossos filhos desenvolvam.

Às vezes, nós trabalhamos com crianças de lares onde a família falhou. Então a igreja deve tentar proporcionar uma maneira com que Deus possa modificar suas mentes. Nós precisamos ser como uma família para eles. Não é suficiente apenas falar, mesmo que as nossas palavras sejam bíblicas. Somente em relacionamentos de amor a verdade pode ser uma parte viva da vida de uma pessoa.

Transformados pela Verdade de Deus

Os nossos filhos precisam conhecer toda a verdade, e não apenas a verdade sobre o sexo. Eles precisam saber que são criados à semelhança de Deus. É isso o que os torna capazes de ter um relacionamento com Deus e com as outras pessoas. Eles precisam saber que têm valor e que são queridos, porque Deus deu o seu Filho para morrer por eles. Eles precisam saber que Deus os ama com amor incondicional e quer ter um relacionamento com eles. Eles precisam saber que ser amados e aceitos por Deus é a base para a sua própria segurança. Eles precisam saber que a maneira de mostrar o seu amor por Deus é servir os outros.

Entender essas verdades é a base cristã para todas as ações e relacionamentos, incluindo os relacionamentos sexuais. Um jovem com crenças cristãs terá muito mais facilidade para se controlar. Isso é porque ele é motivado pelo verdadeiro amor, e não pelo desejo sexual. Lembre-se de que o desejo sexual não pode esperar para tomar, ao passo que o verdadeiro amor não pode esperar para dar. As crenças de um jovem devem estar profundas dentro dele. Somente então essas crenças serão respeitadas pelos outros.

O Espírito Santo desempenha uma função importante na transformação de nossas mentes. Alguns dos frutos do Espírito são a temperança, a benignidade e a bondade. Quando Jesus chamou seus discípulos, Ele disse simplesmente, "Vinde após mim". Então, pelo seu relacionamento de amor com Ele, eles cresceram em seu entendimento dos ensinamentos e das verdades da fé.

Quando você ajuda os seus filhos a desenvolverem as suas crenças, fornecendo orientações para os seus atos, você os ajuda de três importantes maneiras: Em primeiro lugar, eles têm uma saída. Quando surpreendido em uma situação difícil, o jovem sempre poderá dizer: "Sinto muito, meus pais não vão deixar".

Em segundo lugar, eles saberão como decidir. Diga aos seus filhos: "Você pode fazer tudo o que quiser, dentro desses limites". Então eles terão poucas coisas que podem escolher e será mais fácil para eles tomar a sua decisão. Eles terão mais certeza do motivo pelo qual decidiram daquela maneira e serão mais capazes de fazer o que decidiram.

Em terceiro lugar, eles podem exibir autocontrole. Quando os jovens seguem orientações, aprendem a obedecer. Quando eles aprendem a obedecer, aprendem a ter autocontrole. Os jovens devem entender que vão entrar em conflito com seus amigos, quando desenvolverem suas próprias crenças e agirem de acordo com elas. Mas desenvolvendo fortes crenças pessoais, eles respeitarão a si mesmos e se sentirão completos.

Ajude seu Filho a Formar uma Consciência Cristã

A nossa consciência nos lembra de fazer a coisa certa. Se virmos o mundo pelas regras de Deus, a nossa consciência demonstrará isso. Se virmos o mundo sem Deus, a nossa consciência não será capaz de nos dar uma boa orientação.

Muitas coisas ajudam a formar a nossa consciência — as pessoas de quem gostamos e com quem passamos tempo, as ideias que consideramos, os meios de comunicação que vemos e ouvimos. Uma jovem escreveu sobre como ela aprendeu a silenciar a sua consciência:

> Fui criada em um bom lar cristão. Sempre fui ensinada que o sexo antes do casamento era errado. Quando o meu namorado e eu começamos a nos envolver sexualmente, a princípio me senti culpada. No entanto, depois de pouco tempo, não conseguia entender por que me sentia mal a respeito de fazer sexo.

Se eu, sendo cristão, ouvir a minha consciência, poderei sentir a voz do Espírito Santo quando ele procura guiar as minhas ações. Peça que os seus filhos considerem estas quatro perguntas para verificar como eles estão formando suas consciências:

- Você está fazendo agora coisas que havia dito antes que nunca faria?
- Você já desprezou os outros porque faziam o que você está fazendo agora?
- Você está fazendo, agora, sem sentir nenhuma culpa, coisas que antes lhe incomodavam?
- Você permitiu que um namorado ou uma namorada silenciasse a sua consciência a respeito de se envolver cada vez mais no sexo?

Se a resposta a qualquer dessas perguntas for "sim", a consciência de seu filho precisa ser reformada. Como você pode fazer isso? Aqui estão algumas ideias simples que você poderá usar para ajudar seu filho a desenvolver uma consciência cristã em ação:

- Peça que o Espírito Santo ajude você a limpar e reformar a sua consciência.
- Encha sua mente com as regras de Deus sobre a vida, o amor e os valores.

- Limite os seus relacionamentos a verdadeiros cristãos que já tenham uma consciência cristã.

Incentive seu Filho a Prometer não Fazer Sexo

Não fazer sexo é o único sexo seguro. Assim, incentivar o seu filho a prometer não fazer sexo até o casamento vale o esforço. Um estudo mostra que a educação sexual na escola não funciona. Na verdade, os jovens que tiveram aulas de educação sexual na escola têm maior probabilidade de fazer sexo do que os que não tiveram. Mas a mensagem "não faça" parece ter bons resultados.[1]

A cada ano, há cada vez mais jovens recrutados por programas como o programa True Love Waits (O verdadeiro amor espera). Fazer a promessa de esperar ajudou a centenas de milhões de jovens a esperar pelo sexo até o casamento. Um estudo divulgado em *The Journal of the American Medical Association* em 1997 constatou que 16% das garotas e 10% dos rapazes haviam feito a promessa de esperar.

A Kaiser Family Foundation constatou que "quanto mais importância os jovens dão à religião, maior será a probabilidade de dizerem que a religião é a sua razão para postergar o sexo". Sem uma maneira bíblica de considerar a vida, os filhos se sentem inseguros e vazios. Isso os deixa impotentes para se oporem a pressões sexuais. Sem orientação, os filhos não distinguem o certo do errado. Eles sabem apenas que encontraram uma intimidade que faz com que eles se sintam bem durante um curto período de tempo.

Qual É o Ponto que Está Longe Demais?

Nós precisamos estar preparados para responder a uma difícil pergunta: Até que ponto posso ir? Ou, ainda melhor, até que ponto devo ir? A Bíblia não fornece respostas exatas para cada área do sexo. Mas ela apresenta algumas orientações claras para escapar do pecado sexual.

Tudo, Exceto

A verdadeira santidade resulta não apenas de obedecer literalmente à Lei, mas também de obedecer ao espírito da Lei. Fazer "tudo, exceto..." certamente desobedece ao espírito do mandamento de Deus, "fugi da prostituição". Se nós desejarmos verdadeiramente agradar a Deus, não poderemos basear os nossos limites sexuais em "tudo, exceto..."

À Beira do Perigo Sexual

Embora alguns não queriam ir longe demais, eles querem ir tão longe quanto seja possível. Isso é porque eles têm medo de perder alguma coisa emocionante. Muitas pessoas que agem assim acabam desobedecendo tanto ao espírito da Lei quanto à própria Lei. Muitos jovens pensam que conseguem parar antes de ir longe demais. No entanto, não é assim que somos feitos. Quando a excitação sexual começa, não é de nossa natureza parar antes da satisfação completa. No que diz respeito ao sexo antes do casamento, isso já é longe demais.

Avaliando até que Ponto Ir

Que ponto está longe demais? Explicando como os crentes podem viver uma vida que agrada a Deus, Paulo escreveu:

> Porque esta é a vontade de Deus, a vossa santificação: que vos abstenhais da prostituição, que cada um de vós saiba possuir o seu vaso em santificação e honra, não na paixão de concupiscência, como os gentios, que não conhecem a Deus. Ninguém oprima ou engane a seu irmão em negócio algum, porque o Senhor é vingador de todas estas coisas, como também, antes, vo-lo dissemos e testificamos (1 Ts 4.3-6).

Você peca contra um irmão quando o excita até o ponto em que essa excitação não pode ser satisfeita de uma maneira que seja agradável a Deus. Alguma excitação em um relacionamento entre uma garota e um rapaz é normal e não deve ser uma preocupação;

mas se ela se tornar tão forte a ponto de controlar as ações, então deverá ser considerada pecado. Para evitar pecar contra outra pessoa, cada um deve decidir o ponto em que o outro perderá o controle. Esse ponto, então, deve se tornar um limite pessoal.

Liberdade Limitada?

Depois que você se sente excitado sexualmente, você começa a limitar a sua liberdade de dizer "não". Muitas situações roubam das pessoas a sua liberdade de dizer "não". Em primeiro lugar, algumas situações, como determinados tipos de música e atividades, podem incitar desejos sexuais. Os jovens devem ser advertidos sobre o perigo de tais coisas.

Em segundo lugar, os beijos e os toques preparam o corpo para o ato sexual. Os sentimentos agradáveis que vêm do toque em certas áreas do corpo podem fazer uma pessoa perder o controle.

Em terceiro lugar, as drogas e a bebida afetam a mente. Elas proporcionam uma falsa sensação de segurança e bem-estar. Então o cérebro não é capaz de decidir de maneira sensata e esperar pelo sexo.

Conselhos Razoáveis para Estabelecer os Limites

Em vez de perguntar até que ponto uma pessoa pode ir, é melhor ficar completamente longe de situações perigosas. Como os jovens estabelecem os seus limites? Aqui está um bom exemplo, fornecido por uma estudante:

> O meu conselho é: nada de beijos demorados. Nada de se deitar durante o beijo. Nada de sentir o corpo da outra pessoa. Nada de roupas que mostrem muito o corpo. Eu também aconselho os jovens a passarem o seu tempo em grupos e não sozinhos. É preciso planejar para que não haja tempo livre para se envolver em problemas.

Quando os jovens estão pensando sobre onde estabelecer os seus limites, perguntas como estas são úteis:

- Eu realmente quero honrar e servir ao Senhor?
- Até que ponto eu iria, se pudesse ver que Jesus está na sala?
- Os meus atos ajudarão a minha namorada (ou namorado) e a mim a nos aproximarmos mais de Cristo?
- Este ato está tornando maior a tentação para mais envolvimento físico?
- Sou realmente tão sério a respeito desta pessoa como expressam os meus atos?
- Se nós nos separarmos, ainda seremos capazes de ter bons pensamentos, um do outro?

Maneiras de Manter as Regras Sexuais

As conversas, a maneira como movemos os nossos corpos e até mesmo as roupas que usamos, são maneiras de dizer "não" ao pecado sexual. O segredo é que o jovem deve ter segurança em si mesmo. Se os jovens souberem quem eles são, em Cristo, poderão namorar e dizer "não" ao sexo antes do casamento.

Conserve a Mente Pura

As Escrituras nos dizem que devemos levar "cativo todo entendimento à obediência de Cristo" (2 Co 10.5). Podemos não ter muito controle sobre os pensamentos que vêm às nossas mentes, mas podemos decidir não permitir que eles permaneçam ali. Aqui estão três medidas que podemos adotar para conservar uma mente pura: Primeiro, precisamos conhecer a natureza de Deus. Ele é santo, puro, sincero, justo e amoroso. Segundo, precisamos descobrir a vontade de Deus, com o estudo das Escrituras e ouvindo pessoas piedosas. Em terceiro, precisamos nos conservar em um ambiente piedoso e buscar a ajuda e o conselho de pessoas devotas.

Lembre-se de que Deus sempre nos dá a força para fazer o que Ele ordena. Em Filipenses 4.8 Paulo diz: "Quanto ao mais, irmãos, tudo o que é verdadeiro, tudo o que é honesto, tudo o que é justo, tudo o que é puro, tudo o que é amável, tudo o que é de boa fama, se há alguma virtude, e se há algum louvor, nisso pensai".

Incentive os seus filhos a ter cuidado com o que veem, leem e ouvem. Depois que se formar uma imagem em suas mentes, ela estará ali para ficar. Assim, tome cuidado com o que você deixa entrar. Quanto mais aceitarmos os valores do mundo, mais difícil será formar as nossas mentes com os pensamentos, ideias e valores de Deus.

Glorifique a Deus com o seu Corpo

Em 1 Timóteo 2.9, Paulo disse: "Do mesmo modo as mulheres se ataviem em traje honesto, com pudor e modéstia, não com tranças, ou com ouro, ou pérolas, ou vestidos preciosos". Uma jovem pode não entender que um rapaz não pensa sobre as roupas dela da mesma maneira como ela pensa. Os rapazes são excitados pelo que veem. Como as garotas são excitadas mais pelo toque, muitas delas não entendem isso. Esta é uma área em que os pais precisam educar suas garotas, para que entendam o efeito que suas roupas podem ter sobre os homens.

Os homens e mulheres cristãos não precisam negar que são homens e mulheres, mas têm que usar seus corpos de uma maneira que glorifique a Deus e não faça que os outros pequem. Uma jovem deu este excelente conselho: "Em um encontro (na realidade, todo o tempo) use roupas com que você gostaria de encontrar Jesus. Elas podem ser bonitas, mas não devem ter a intenção de excitar os homens".

Escolha cuidadosamente os seus Amigos

Paulo conhecia a grande pressão que alguns amigos exercem sobre os outros. Em 1 Coríntios 5.9 ele disse: "Já por carta vos tenho escrito que não vos associeis com os que se prostituem". A pressão que os amigos exercem sobre os outros pode ser boa ou má. Como disse um estudante: "Sei que os meus amigos têm uma grande influência sobre quem eu sou e sobre quais são os meus valores. Amigos piedosos podem ser uma verdadeira ajuda quando você tiver problemas com desejos sexuais".

A questão, para os jovens, se resume a escolher cuidadosamente os amigos. Eles não devem passar muito tempo com amigos que não têm os mesmos valores e crenças.

Nós vivemos em um mundo em que parece que todos estão dizendo "sim" ao sexo antes do casamento. E por isso é muito importante que os jovens se associem com outros jovens que estão dizendo "não". A força que eles obtêm de seus amigos pode ajudá-los a enfrentar a pressão sexual.

Busque Relacionamentos Íntimos, mas não Íntimos Demais

Passar muito tempo juntos quase sempre causa problemas sexuais para dois jovens. Quando um rapaz e uma garota passam todo o seu tempo juntos, a tentação se torna forte demais. Aconselho que os jovens passem a maior parte do seu tempo em grupos, até que sejam mais velhos e desejem seriamente encontrar uma pessoa para se casar.

Busque a Sabedoria de outras Pessoas

Na busca de conselhos, os jovens precisam procurar pessoas de entendimento piedoso, cristãos que os conheçam e que se preocupem com eles. Além dos pais, os jovens podem confiar em pessoas como pastores, líderes de jovens e professores da Escola Dominical. Os jovens precisam buscar conselhos e não apenas confirmações. Buscar uma confirmação significa recorrer a alguém que concordará com você a respeito do que você já decidiu. Buscar um conselho significa procurar alguém e pedir orientação.

Peça a Ajuda de Deus

Muitos jovens que desenvolveram fortes crenças sobre como lidar com as pressões sexuais sabem que precisam pedir a ajuda de Deus. Nada neste livro será eficaz, se os jovens não entenderem a necessidade que têm da ajuda de Deus. Este jovem concorda:

> Embora possa parecer que os seus desejos sexuais não podem ser controlados, há uma maneira assegurada de ajudar você a se conter: Entregue a sua vida completamente a Jesus Cristo. Peça que Ele entre no seu coração e seja o Senhor de cada área da sua vida, incluindo a sua natureza sexual e os seus desejos.

Quando os jovens veem a sua necessidade de ajuda para lidar com a sua sexualidade, eles ficam muito abertos ao convite de Cristo de um relacionamento pessoal. Nós devemos incentivar os nossos jovens a usarem a oração como o primeiro passo para uma vida sexual que honre a Deus. Também devemos incentivar os jovens a irem, com Deus, além de um relacionamento do tipo "por favor, me ajude". O seu objetivo deve ser aprender e obedecer à sua vontade em todas as coisas. Quanto mais profundo se tornar o seu relacionamento com o Pai celestial, mais ajuda eles receberão para viver uma vida cristã que honre a Deus.

Capítulo 20

Ajude os Jovens a Estabelecerem Limites para o Namoro

Nós devemos ajudar os jovens a decidir como agirão em um namoro. Um estudante escreveu sobre a importância das regras para o namoro: "Estabeleça as regras agora e não quando você estiver mergulhado em um relacionamento. Estabeleça-as de acordo com o que é certo aos olhos de Deus".

Os jovens cristãos devem decidir até que ponto irão em um encontro. É melhor se isso for feito muito antes de se envolverem em uma situação sexual. Quais são algumas regras para estabelecer os limites sexuais? Como os jovens cristãos definem os limites? Aqui está um exemplo:

> Prometi não ter nenhum tipo de relacionamento físico com um homem antes de me casar. Isso inclui os beijos. Isso surpreende as pessoas, porque o sexo é visto com muita leviandade atualmente e os beijos são apenas para diversão. Mas como posso ter pensamentos puros, quando estou apertada contra o corpo de um homem? Como posso pensar nas "coisas que são de cima" (Cl 3.2) quando a boca de alguém está pressionada contra a minha?

Aqui está a regra que eu usava antes de me casar: Vou tratar uma mulher em um encontro da mesma maneira como eu gostaria que algum outro homem tratasse a mulher com quem um dia vou me casar.

É bom que os jovens comuniquem os seus limites para a pessoa com quem vão sair. Isso esclarece as coisas e evita discussões. Se uma jovem não informar o rapaz sobre os seus limites, deverá estar preparada para quando ele se irritar, quando ela o impedir de infringir uma de suas regras. Quando a outra pessoa sabe quais são os limites é mais fácil que ambos se lembrem.

Como Manter o Controle Durante o Encontro

Existem algumas maneiras úteis de ajudar os jovens a controlar os impulsos e tentações sexuais em um namoro.[1]

Saia somente com as Pessoas que Têm as Mesmas Crenças que Você

Uma das principais regras para os namoros é a de que uma pessoa cristã não deve namorar uma não cristã. 2 Coríntios 6.14 diz, claramente: "Não vos prendais a um jugo desigual com os infiéis".

Uma pessoa que namora uma pessoa não cristã está em uma situação perigosa, pelo menos por dois motivos. Em primeiro lugar, todas as pessoas que alguém namora são possíveis candidatas para casamento. Em segundo lugar, uma pessoa não cristã não compartilha das crenças de um cristão. As pessoas que seus filhos namoram devem ser cristãs, mas nem todos os cristãos entendem as regras de Deus para viver da mesma maneira. As pessoas que seus filhos namoram devem aceitar as mesmas regras para viver uma vida cristã que a sua família aceita.

Os jovens parecem pensar três coisas, quando consideram uma pessoa para namorar: a aparência, o quanto a pessoa é divertida e o quanto é popular. Mas tudo isso não diz muita coisa sobre a pessoa.

A história desta jovem mostra a importância de os jovens namorarem apenas pessoas que compartilhem as mesmas crenças sobre a pureza sexual:

> Aos 24 anos, estou grávida de oito meses e não sou casada. Isso me forçou a decidir muitas coisas que nunca pensei que teria que resolver. Isso modificou grandemente a minha vida.

Talvez a maior surpresa seja o fato de que eu sou uma cristã nascida de novo. Como isso pôde acontecer? Tudo começou quando decidi namorar um não cristão. Fui honesta com o meu namorado sobre a importância do meu relacionamento com Jesus. Rick sabia que eu acreditava que o sexo devia ser reservado para o casamento. Ele não concordava comigo, mas não me pressionava.

Duas vezes, durante os oito meses antes que eu engravidasse, disse a ele que achava que nós deveríamos terminar o nosso namoro. Eu sabia que 2 Coríntios 6.14 diz: "Não vos prendais a um jugo desigual com os infiéis". Mas Rick disse: "Só porque não tenho as mesmas crenças isso não significa que nós não tenhamos momentos maravilhosos juntos".

Para mim, o cristianismo não era apenas uma crença, era um modo de vida. Ainda assim, o que ele disse parecia ser suficientemente verdadeiro. Certa vez, quando disse que nunca me casaria com um não cristão, ele disse que não queria se casar, mas queria me namorar.

Sem nem mesmo querer fazer isso, eu estava lentamente me apaixonando. Sentia a liberdade de ser eu mesma quando estava com Rick. Isso não havia acontecido quando eu namorei um cristão que esperava nada menos que a pura perfeição. O meu relacionamento com Rick era um relacionamento alegre. Sem que desejasse admitir isso, era o princípio de uma concessão. As pessoas não viram que eu estava deixando Deus de lado. Eu ainda me ocupava na nossa igreja, e gostava disso. Quanto mais me interessava por Rick, mais fácil era baixar a minha guarda. Um beijinho de boa noite, durante o nosso primeiro mês de namoro, se converteu em horas de beijos excitados mais adiante. Comecei a arranjar desculpas para passar a noite na casa dele por causa da meia hora que teria que dirigir para voltar para casa.

Quando nós fizemos sexo, foi muito fácil ceder. Eu sabia que o meu namoro com Rick não era a vontade de Deus para mim. No princípio, eu me justifiquei, dizendo que o relacionamento não era importante para mim. Então, quando não pude mais

> usar essa desculpa, já não me importei. Àquela altura, eu não tinha medo de pecar.
> Tive que decidir muitas coisas difíceis depois que engravidei. O mais importante foi que eu precisava ficar bem com Deus outra vez. Precisava de perdão. Eu também precisava ficar firme na Palavra. Decidi deixar tudo. Fui morar com amigos. Eles amam o Senhor e acabaram sendo como uma família para mim. Eu também aprendi que uma gravidez indesejada não é o mesmo que um filho indesejado. Decidi entregar o bebê à adoção.
> Deus nos diz que devemos esperar. Isso é porque Ele nos ama e sabe o que é melhor para nós. Durante os últimos meses, estive lidando com o meu pecado. Eu também vi a bondade de Deus como nunca havia visto antes. Efésios 1.7,8 se tornou muito real para mim: "[Em Cristo] temos a redenção pelo seu sangue, a remissão das ofensas, segundo as riquezas da sua graça, que Ele tornou abundante para conosco em toda a sabedoria e prudência". Resolvi seguir o caminho de Deus.

Se você realmente quiser controlar a área sexual da sua vida, tome cuidado com a maneira como você vive. Tome cuidado com a maneira como vivem aqueles que você namora. Namore apenas aqueles que creem nas mesmas coisas que você, e sejam responsáveis, um com o outro.

Defina Objetivos de Namoro

Um estudo recente sobre namoros entre jovens revelou que "aos 17 anos, o ato sexual é uma parte aceita, se não esperada, nos relacionamentos de namoro".[2] Por essa e outras razões é importante que os jovens tenham objetivos para os seus relacionamentos de namoro. Aqui estão alguns possíveis objetivos de namoro:

- Aceitar a outra pessoa, honrando a sua condição de vida, dada por Deus.
- Edificar a outra pessoa, exibindo honra pelas coisas que a pessoa pode fazer.
- Ajudar a cumprir os objetivos da outra pessoa.

- Ser responsável com a outra pessoa para cumprir os seus próprios objetivos.
- Em cada situação, tentar mostrar Jesus Cristo em seu espírito e ações.

Faça Planos Claros para cada Encontro

Planeje o seu namoro cuidadosamente. Aqui estão alguns conselhos de jovens que estão aprendendo a planejar um encontro:

> Nós descobrimos que precisávamos fazer programas com outras pessoas solteiras. Era muito agradável passar uma noite tranquila em casa, mas, com muita frequência, era fácil perder o controle.
>
> * * * * *
>
> Não abandone o plano do que você fará ou aonde irá em um encontro. As mudanças de planos normalmente significam problemas.
>
> * * * * *
>
> Não ouça música ruim nem veja maus filmes. Isso somente fará com que você deseje fazer o que você viu ou ouviu.

Um encontro deve sempre proporcionar tempo para conversar, uma vez que esta é a melhor maneira de conhecer alguém. Isso é particularmente verdade em um primeiro encontro. Isso lhes dará a oportunidade de explorar interesses comuns. O planejamento deve ser visto como uma maneira de ficar longe do envolvimento sexual. Ele também possibilitará o crescimento de vocês.

Converse abertamente sobre Sexo

Um jovem que não conversa abertamente sobre as suas crenças a respeito do sexo pode se envolver em problemas. Aqui está o que escreveu uma estudante: "Informe a outra pessoa dos seus limites. Seja honesto quando você vir um problema se aproximando".

Inclua a Oração

Aqui está uma oração que uma estudante faz antes de cada encontro: "Amado Senhor, confiando na tua força, prometo me conservar pura para a pessoa com quem vou me casar, ficando longe do sexo e de quaisquer outras expressões físicas que não honrem a ti". Esta oração, feita antes de cada namoro, certamente poderia ajudar a conservar a vida amorosa de uma pessoa nos eixos corretos. Aqui estão algumas coisas a ter em mente ao orar juntos pelo encontro:

- Sejam breves. A oração pode ser muito pessoal. A intimidade desenvolvida ao orar juntos poderá levar facilmente à intimidade em um nível sexual.
- Orem pelas necessidades dos outros.
- Sejam cuidadosos com os toques durante a oração.
- Não orem sobre os maus sentimentos sobre os seus problemas sexuais. Deixem para fazer isso quando estiverem sozinhos.

Tente não Ficar Sozinho(a) com a Outra Pessoa

Muitas vezes ficar sozinhos é mais do que os jovens conseguem controlar. A maneira para os jovens controlarem esse tipo de tentação é não se colocar nesse tipo de situação.

Os pais podem ajudar. Não tenha medo de perguntar aos seus filhos aonde eles vão, quais são os seus planos e quando estarão de volta. Estabeleça limites e deixe que eles saibam o que você espera deles em seu encontro. Ao dar-lhes responsabilidade, você também lhes fornece respostas claras para as pressões de seus amigos que namoram. Quando pressionados, eles podem simplesmente responder: "Meus pais não me deixam convidar amigos quando eles não estão em casa".

Pare de Pensar no Corpo e Trabalhe para Construir o Relacionamento

Os jovens que desejam relacionamentos cristãos precisam deixar de lado a parte sexual e procurar edificar outras áreas do seu relacionamento. Um jovem escreveu:

Quando você começar a desenvolver um relacionamento, tente começar como amigos. Normalmente, você não deseja magoar um amigo. Além disso, você provavelmente vê esta pessoa de uma maneira espiritual. Isso é importante. Duas pessoas precisam se conhecer espiritualmente, para que, mais tarde, consigam lidar com os problemas da maneira correta.

Outra jovem diz que deixar o sexo do lado de fora do relacionamento pode resultar em várias coisas boas:

1. Guardar-se do sexo fará com que você possa esperar algo, ansiosamente, no casamento.
2. Uma promessa de não fazer sexo agradará ao Senhor e removerá muitas culpas que você poderia ter.
3. Isso ajudará vocês a descobrirem novas áreas, um no outro, que vocês ainda não examinaram.

Dê a seu Filho Maneiras de Escapar

Nós precisamos dar aos nossos filhos maneiras de escapar de uma situação ruim. Aqui estão várias "rotas de fuga" que costumo dar aos jovens.

Faça uma Promessa de Ser Fiel a Deus

Ajude seus filhos a usarem as más situações para confirmar a sua promessa de obedecer a Deus e conservá-lo em primeiro lugar em seus relacionamentos. Uma jovem me escreveu sobre isso:

> Eu sabia o que tinha que fazer. Tinha que levar Ken de volta ao Senhor e colocar Jesus em primeiro lugar. Jesus deve estar em primeiro lugar todo o tempo. Eu tinha muito medo. Durante um ano, estive me apegando a Ken. Sonhava que, um dia, eu seria mais para Ken do que simplesmente para sexo. Mas como poderia me tornar mais para Ken, quando havia me permitido me tornar muito menos?

Por mais que amemos outra pessoa, Jesus sempre deve ser o nosso primeiro amor. Quando Ele é o centro de nossas vidas, todas as outras coisas se encaixarão em seus lugares corretos. Se Deus não mais estiver em primeiro lugar na vida de um jovem, a primeira rota de fuga de uma situação ruim será entregar a sua vida de volta para Deus. Um jovem adverte:

> Ofereça a Deus uma oportunidade de trabalhar em seu relacionamento. Prometa a Ele que você não se envolverá sexualmente e que esperará pelo momento certo e pela pessoa certa. Se você e a sua namorada realmente estão apaixonados, o seu amor, um pelo outro, crescerá e ficará mais profundo à medida que você edificar o relacionamento no Senhor e guardar o sexo para o casamento.

Sair de um Relacionamento

Você se lembra de Pat? Nós vimos a sua história no capítulo 5. Pat teve sua primeira relação sexual quando tinha 16 anos. Ela se tornou cristã no ano seguinte. Mais tarde, ela aprendeu que o sexo fora do casamento é errado. Ela se sentiu mal porque não pôde romper o seu hábito de sexo. Finalmente, Pat deixou de namorar durante aproximadamente dois anos, para que pudesse organizar os seus pensamentos. Este foi um período de grande crescimento espiritual para ela.

Abrir mão de namoros que não honram a Deus é algo muito difícil. Uma jovem dá este conselho a suas amigas:

> Se você já fez sexo, não pense que o Senhor já se cansou de você. Se você pecou, precisa pedir o perdão do Senhor, mas também precisa perdoar a si mesma. Embora você não possa alterar o passado, se o Deus perdoou você, não há nada a fazer, exceto esquecer e seguir adiante. E com isso quero dizer, coloque um ponto final em seu relacionamento pecaminoso.

Romanos 8.28 promete: "Sabemos que todas as coisas contribuem juntamente para o bem daqueles que amam a Deus, daqueles que são chamados por seu decreto". Esta é uma boa promessa de Deus. Não permita que Satanás continue a atrapalhar você com o pecado. Efésios 3.20 diz: "Ora, àquele que é poderoso para fazer tudo muito mais abundantemente além daquilo que pedimos ou pensamos, segundo o poder que em nós opera". Dê a Ele essa chance.

Procure uma Maneira de Sair

A Bíblia é clara a respeito da tentação:

> Não veio sobre vós tentação, senão humana; mas fiel é Deus, que vos não deixará tentar acima do que podeis; antes, com a tentação dará também o escape, para que a possais suportar (1 Co 10.13).

Os jovens devem entender que têm uma saída de qualquer situação. É o poder de dizer "não". Deus sempre nos dará forças equivalentes à tentação. A melhor maneira é escapar antes que a situação ruim se desenvolva. A maneira mais eficaz é, simplesmente, dizer "não".

Saia Depressa

Eu digo sempre aos jovens: "Se você sentir que não consegue controlar a situação, saia dali. Corra, o mais rápido que puder". Esta é a mensagem de várias passagens das Escrituras. 1 Coríntios 6.18 ensina: "Fugi da prostituição". 2 Timóteo 2.22 diz: "Foge, também, dos desejos da mocidade". Tiago 4.7 nos diz: "Sujeitai-vos, pois, a Deus; resisti ao diabo, e ele fugirá de vós".

Capítulo
21

Perdoe e Ofereça Esperança quando os Filhos Pecarem

A nossa cultura diz aos nossos jovens: "Se for gostoso, faça". Mas a culpa sexual entre os jovens é cada vez maior. Muitos querem ser perdoados. Aqui estão as palavras de uma jovem:

> Fiz sexo com o meu namorado, pensando que devia isso a ele. Quando contei a ele que estava grávida, ele ficou zangado e me culpou. Ele disse que devia abortar o bebê. Assim, para poupar meus pais do sofrimento e para conservar Matt, fiz o que ele disse. Agora Matt me deixou. Como Deus pode me amar, depois de tudo o que fiz? Deus pode realmente me amar e perdoar?

Nós precisamos entender que as pessoas que sentem culpa sexual podem ter muita dificuldade para aceitar a ideia do perdão. Há muitos jovens cristãos que pediram o perdão de Deus e foram perdoados. No entanto, eles vivem a vida sem a alegria que resulta do perdão.

O Dom do Perdão

Especialmente para os pais, a aceitação começa com o perdão. Seja misericordioso. Aqui estão três diretrizes úteis:

Em primeiro lugar, comece. O amor de Deus ordena que comecemos oferecendo perdão. "Mas Deus prova o seu amor para conosco em que Cristo morreu por nós, sendo nós ainda pecadores" (Rm 5.8). Ele deu o primeiro passo — pagando o preço, ao morrer por nossos pecados. A seguir, Ele nos ofereceu o seu perdão. Sendo filhos de Deus, devemos seguir o exemplo de nosso Pai celestial e começar oferecendo o perdão.

Em segundo lugar, tente reparar o relacionamento. É muito frequente que, quando os jovens se envolvem em sexo, o relacionamento com seus pais é prejudicado. Deus deseja que os pais assumam a responsabilidade pelo seu papel em um relacionamento rompido e comecem a reconstruí-lo. Se não o fizermos, Deus não aceitará a nossa adoração. Jesus disse: "Se trouxeres a tua oferta ao altar e aí te lembrares de que teu irmão tem alguma coisa contra ti, deixa ali diante do altar a tua oferta, e vai reconciliar-te primeiro com teu irmão, e depois vem, e apresenta a tua oferta" (Mt 5.23,24).

Em terceiro lugar, esteja realmente disposto a perdoar. O perdão mostra que foi feito um mal, mas ele o aceita e o perdoa. Deus disse que Ele lança todos os nossos pecados para trás. Ele os sepulta no mar profundo. Isso é o que Deus faz quando nos perdoa. Nós devemos fazer a mesma coisa quando perdoamos os nossos jovens.

Um Retrato do Perdão de Deus

Os jovens normalmente veem Deus por intermédio dos pais e dos líderes da igreja. Se estivermos dispostos a perdoar, será mais fácil que os nossos filhos vejam Deus como disposto a perdoar. As ações e palavras dos pais podem ser um obstáculo para que seus filhos aceitem o perdão de Deus. Por exemplo, há alguns anos conversei com uma jovem. Ela havia tido muita dificuldade para vivenciar o perdão de Deus por causa do seu relacionamento com seus pais, particularmente com o seu pai. Tracy explica:

> Minha mãe bebia e nunca realmente me dava qualquer apoio. Eu era a mais jovem de cinco filhos e minha irmã Donna acabou sendo uma mãe para mim. Embora não tivesse nenhum relacionamento com meu pai, ainda tentava mostrar a ele o

meu amor. Eu tinha muito medo dele, mas ainda queria que ele se interessasse por mim.

Durante o meu crescimento, sempre ficava doente ou machucada para conseguir que os meus pais demonstrassem algum interesse por mim. Na maior parte do tempo, Donna não era culpada pelas coisas que fazia. Ela sempre era má, se envolvia com drogas e outras coisas. Mas os meus pais sempre acreditavam em tudo o que ela dizia. Eles sempre me diziam: "Tracy, você está mentindo para nós". Eu não estava mentindo. Era muito difícil de entender.

Aos 14 anos, Tracy teve a sua primeira experiência sexual. Ela não se envolveu sexualmente outra vez até os 16 anos, quando ficou grávida. A sua mãe, que havia aceitado a Cristo recentemente e o seu pai descrente, exigiram que ela abortasse o bebê. Depois disso, Tracy chorou durante três meses. Ela odiou seus pais e se sentiu muito ferida e sozinha.

Vários meses depois, seu pai aceitou a Cristo. Depois de observar o crescimento espiritual de seus pais, Tracy convidou Cristo para a sua vida. Durante os dois anos seguintes, ela evoluiu como cristã. Então, ela foi a uma faculdade cristã e começou a se manifestar contra o assassinato de bebês antes do nascimento. Depois que contou a sua própria história, ela sentiu que outros cristãos a estavam julgando. Isso prejudicou o seu caminhar cristão.

Tracy começou a namorar um homem cristão e logo este a pediu em casamento. Ele começou a pedir que ela fizesse sexo com ele, mas ela se recusava. Finalmente, certa noite ele a forçou. Essa foi uma experiência terrível para ela. Nos três anos seguintes, Tracy teve relacionamentos com sete homens diferentes. Na maioria dos casos, o sexo terminou os relacionamentos.

Comecei a pensar, esses são homens cristãos, mas eles não têm uma boa opinião sobre mim. Se tivessem, não exigiram que eu fizesse sexo. Eles pensam que eu não sou nada, que não tenho valor. Talvez eles estejam certos.

> Decidi que poderia voltar a ser como era antes. Primeiro, fiz sexo com um homem que não era cristão. Sabia que isso era errado. Eu não queria fazer isso, realmente. Todos os que não conheciam a minha história de vida pensavam que eu era uma pessoa maravilhosa. Eu ainda lia a Bíblia e participava de uma igreja.
>
> O fato dos cristãos me condenarem, fez com que eu deixasse de me envolver tanto com a igreja. Comecei a namorar um homem realmente simpático. Quando os pais dele descobriram sobre o meu aborto fizeram com que ele rompesse o relacionamento. Isso realmente me magoou. Decidi que encontraria um homem que fosse parecido com ele, dormiria com ele e ficaria grávida. Então, as pessoas culpariam o homem que havia me ferido tanto. Eu não diria que era filho dele, mas seria parecido com ele. Fiz isso, e fiquei grávida, mas o bebê morreu antes de nascer.

Tracy chorou muito durante os dois anos seguintes. Ela estava prestes a desistir de Deus, quando conheceu Dave, outro cristão. Depois de um mês de namoro, eles planejavam se casar. Quando eles se envolveram sexualmente, Tracy desmoronou. Ela rompeu o seu relacionamento.

> Pensei em me suicidar, mas no dia em que estava me preparando para fazer isso, lembrei da minha família. Comecei a pensar que não devia fazer isso, porque os filhos de meu irmão e de minha irmã cresceriam pensando que o cristianismo não funciona. Naquele instante, o telefone tocou. Era o meu irmão mais velho. Ele não sabia do que estava acontecendo em minha vida. Ele disse: "Tracy, você está pensando em se matar, não é? Você está pensando que não tem esperança". Eu não podia acreditar. Esse era o meu irmão, que havia saído de casa quando eu tinha 8 anos de idade e eu nunca o conheci realmente.
>
> Eu disse, "Espere um minuto, você está falando sério?" Ele me contou que ele e sua esposa tinham orado apenas alguns minutos antes. Deus lhes havia mostrado exatamente o que estava acontecendo comigo. Então, soube que Deus é real, e poderia me trans-

> formar. Eu havia implorado a Ele durante anos, mas ainda estava deixando de perceber alguma coisa. Eu não entendia o que era.

Como muitas pessoas, a ideia que Tracy tinha de Deus era muito afetada pelo relacionamento que ela tinha com seu pai. Para ela, Deus era um ditador, inclemente e distante. Sem uma mudança na noção que ela tinha de Deus, ela nunca seria livre para entender e aceitar o seu perdão. A noção que ela tinha de Deus começou a mudar quando ela começou a conversar com meu amigo, Dick Day, um conselheiro cristão.

> Ouvi Dick Day falando sobre o arrependimento e mudei o meu modo dc pensar a respeito de Deus. Entendi quem é Deus. Ele me amava, e me queria, e Ele pagou pelos meus pecados. Ouvi essas coisas antes. Agora, finalmente, começava a entendê-las. Aprendi sobre a natureza de Deus. Ele é santo. A santidade não pode existir com o pecado. Apreendi que, por causa da morte de Jesus, o juízo de Deus foi satisfeito, no que me dizia respeito. Era muito bom saber que Deus me ama e deu o seu Filho para que eu pudesse ser perdoada e purificada. Comecei a ver o valor que tenho para Deus. Ele me criou, formou quem sou e como sou. Deus não precisava de mim, mas, pelo seu amor, Ele me queria. Como Ele me queria, Ele propiciou uma maneira para que me arrependesse, confessasse os meus pecados e soubesse que eles foram perdoados.
>
> Finalmente percebi que Deus queria perdoar os meus pecados e fazer de mim uma pessoa nova. Isso me deu uma forma completamente nova de pensar. A partir de então, tive novas noções sobre a oração, sobre Deus e sobre mim mesma.

Quando Dick conheceu Tracy, ela estava cheia de preocupações e odiava tudo. Três meses mais tarde, ela era uma cristã feliz, porque então se via de maneira diferente. Tracy também estava começando a ver as outras pessoas de maneira diferente. Ela estava começando a ver até mesmo o seu pai de uma maneira diferente.

> Durante os anos que se passaram desde que o meu pai se tornou um cristão, ele vinha mudando. Eu tinha certa ideia a respeito do meu pai por causa do passado. Assim, quando ele estava mudando, eu não conseguia ver isso.

Perdoada e purificada, Tracy havia se tornado livre para iniciar um novo relacionamento com Dave. Para eles, esse foi um recomeço.

> Antes disso, nós não tínhamos, realmente, um relacionamento. Nós nos conhecíamos, um pouco, mas o sexo assumiu o controle. Depois de entender a natureza de Deus, nós retomamos o nosso relacionamento. Foi completamente diferente. Então Dave e eu tivemos a liberdade de conversar e entender quem cada um de nós realmente era. Novamente, nós fizemos planos de nos casar. Até então, não podia confiar, nem em Deus nem em Dave. Nas outras ocasiões em que havia planejado me casar, eu não podia realmente prometer todo o meu ser, eu podia prometer apenas o meu corpo.

Depois de passar por tantas dificuldades com relação aos homens, Tracy agora estava livre para se comprometer no casamento. Ela e Dave se casaram e o seu relacionamento está crescendo. Ele se baseia em um entendimento de quem é Deus e o que são o amor e o perdão. O amor e a aceitação que ela recebeu de outros cristãos a ajudaram. Eles não se limitavam a falar sobre o amor, a aceitação e o perdão de Deus. Eles viviam essas coisas.

O que a Bíblia Diz sobre o Perdão

Antes de qualquer coisa vamos considerar uma pessoa importante do Antigo Testamento, Davi. Ele era rei. Quando viu Bate-Seba, Davi não se limitou a olhar para ela. Ele a observou. No minuto em que começou a observar, ele foi aprisionado. Depois de saber que seu marido, Urias, estava fora, no exército, Davi mandou chamar Bate-Seba e deitou-se com ela. Algum tempo depois, ela mandou avisá-lo de que estava grávida.

Davi sabia que estava em dificuldades. Ele mandou chamar Urias, esperando que, enquanto estivesse de volta, ele dormisse com sua esposa. O plano de Davi não funcionou. Urias dormiu na ala dos servos no palácio. Davi até mesmo tentou convencer Urias a ir para casa, para junto de sua esposa, e "se divertir". Mas ele recusou, não desejando deixar a sua responsabilidade com o exército.

Davi não desistiu. Ele conseguiu embebedar Urias, esperando que ele fosse para casa, para fazer amor com sua esposa.

Tendo em vista que nada disso funcionou, Davi ordenou que Urias fosse enviado para frente de batalha, onde foi morto. Veja agora o que aconteceu depois. Davi admitiu o seu pecado, e pediu que Deus o perdoasse: "Fiz o que a teus olhos é mal, para que sejas justificado quando falares e puro quando julgares... Purifica-me com hissopo, e ficarei puro; lava-me, e ficarei mais alvo do que a neve" (Sl 51.4,7).

Aqui estava um homem, que havia feito sexo com a esposa de outro homem e então matou o marido traído. Mas existe algum pecado tão terrível que Deus não possa perdoá-lo? A resposta é "não", nem mesmo o pecado sexual, nem mesmo o assassinato. O perdão de Deus tem cinco passos:

Primeiro, admita o seu pecado. 1 João 1.9 nos diz que devemos confessar o nosso pecado. Confessar significa dizer a Deus que você concorda com Ele a respeito do seu pecado.

Segundo, aceite o perdão de Deus. Colossenses 2.13 diz, "[Deus] vos vivificou juntamente com ele, perdoando-vos todas as ofensas". Algumas pessoas têm certeza de que Deus nunca poderia perdoá-las, porque elas pecaram demais. As Boas-Novas são que Jesus não veio para salvar as pessoas boas, Ele veio para salvar os pecadores. Ele disse: "Eu não vim chamar os justos, mas sim os pecadores, ao arrependimento" (Lc 5.32).

Terceiro, mostre que você se arrependeu. Deus diz: "Produzi, pois, frutos dignos de arrependimento" (Mt 3.8). Arrepender-se significa afastar-se, mudar de ideia. Pergunte a Deus como você deve mostrar isso. Pode ser terminando um relacionamento. Isso pode significar uma mudança no seu modo de vida.

Quarto, perdoe a si mesmo. Quando nos recusamos a nos perdoar, na realidade estamos rejeitando a graça amorosa de Deus. Se a graça de Deus não puder perdoar e tirar o pecado da sua vida, não poderá perdoar e tirar nenhum pecado.

Quinto, não permita que Satanás desoriente você. Satanás tentará fazer com que você se sinta condenado. Mas Romanos 8.1 diz: "Portanto, agora, nenhuma condenação há para os que estão em Cristo Jesus". Assim, se você pecou, admita o seu pecado para Deus, aceite o seu perdão e perdoe a si mesmo. Não permita que Satanás lhe roube a alegria do perdão de Deus.

O que Pode Ser Feito a Respeito da Pureza Perdida?

Ninguém pode recuperar a pureza perdida do corpo. Uma vez perdida, está perdida para sempre. Mas a pureza espiritual pode ser recuperada. Romanos 12.2 diz: "Transformai-vos pela renovação do vosso entendimento, para que experimenteis qual seja a boa, agradável e perfeita vontade de Deus". Para dar a você um novo entendimento, Deus lhe deu três coisas. Em primeiro lugar, Ele lhe deu a sua verdade — para entender quem Ele é, e quem somos nós. Em segundo lugar, Ele lhe deu o seu Espírito Santo — para mostrar a sua verdade e trazê-la às nossas vidas. Em terceiro lugar, Ele deu o seu povo — para expressar o seu amor e o seu perdão nos relacionamentos.

Os jovens que se envolvem sexualmente precisam de um recomeço. O problema é que o pecado sexual pode fazer com que a pessoa afaste seus olhos do amor e do perdão de Cristo. Ela começa a perder todas as esperanças de viver uma vida pura. Mas nós não temos que nos sentir forçados a continuar por um caminho errado.

Uma jovem que acaba de se casar me escreveu:

> Meu namorado e eu sabíamos que tínhamos que abandonar o nosso pecado sexual. Com a ajuda de Deus, nós não fizemos sexo durante os últimos nove meses antes do nosso casamento. Na primeira vez em que fizemos amor, depois do casamento, lágrimas de alegria correram pelo meu rosto. Senti a ver-

dadeira beleza do relacionamento sexual, como Deus desejou que ele fosse.

A Esperança Continua

Para o jovem que sofre a dor do pecado sexual, não consigo pensar em palavras mais esperançosas do que as do Dr. John Diggs:

> A esperança continua. Quaisquer erros que você possa ter cometido podem ser deixados no passado. A maneira como você agiu pode ser modificada. Se esteve envolvido no pecado sexual, você pode parar. Se você tem uma DST, pode obter tratamento. Se teve um filho antes do casamento, você pode assegurar que isso nunca mais aconteça. Se abortou o seu bebê, você pode evitar cometer esse erro no futuro. Você pode encontrar a cura para a sua dor.

Glossário

(Este glossário apresenta o significado de algumas palavras da maneira como são usadas neste livro. Algumas palavras têm mais de um significado. Procure o significado completo em um dicionário.)

Abstinência: permanecer sem algo, especialmente reservar o sexo para o casamento

AIDS: um problema de saúde que faz com que a pessoa tenha mais probabilidade de desenvolver graves problemas de saúde, que podem levar à morte, contraídos principalmente por uma DST chamada HIV

Câncer cervical: câncer em uma parte dos órgãos reprodutores de uma mulher

Câncer de mama: câncer na parte frontal e superior do corpo de uma mulher

Clamídia: uma DST muito similar à gonorreia

DIP: uma DST que frequentemente faz com que as mulheres não consigam ter filhos

DST: doença sexualmente transmissível; uma doença que normalmente é transmitida de uma pessoa a outra pelo ato sexual

Genital: as partes sexuais do corpo

Gonorreia: uma das DSTs mais comuns

Hepatite B: uma DST que pode causar a morte

HIV: vírus causador da AIDS, DST que pode levar à morte

Herpes genital: o herpes é uma doença que provoca muitas pequenas feridas em diferentes partes do corpo; o herpes genital é o herpes nos órgãos sexuais

HSV: outro nome para o herpes genital

Papilomavírus: a DST mais comum

Penicilina: um remédio usado para tratamento de algumas DSTs

Preservativo: uma membrana que envolve o órgão sexual do homem, para impedir que a mulher engravide ou contraia uma DST

Sífilis: uma DST comum, de fácil transmissão de uma pessoa a outra; ela pode levar ao colapso do corpo, de várias maneiras

Tricomoníase: uma DST que afeta às mulheres mais que aos homens, e pode provocar câncer

Verruga: uma protuberância pequena, e normalmente dura, na pele

Notas

Capítulo 1: Por que o Verdadeiro Amor Espera?

1. Jacqueline F. de Gaston. Larry Jensen, e Stan Weed, "A Closer Look at Adolescent Sexual Activity", *Journal of Youth and Adolescence* 24, n. 4 (1995): 469-74.
2. Melissa Healy, "Clinton Frees $250 Million for Sex Abstinence Teaching", *Los Angeles Times,* 1 de março de 1997, seção A, p. 12.
3. S. L. Hofferth, J. R. Kahn, e W. Baldwin, "Premarital Sexual Activity among U.S. Teenager Women over the Past Three Decades", *Family Planning Perspective* 19 (1987): 45-53.
4. Jerry Abejo, "Citing Drop in Teen Pregnancy, Report Credits Range of Factors", *The Philadelphia Inquirer,* 25 de abril de 2001; <inq.philly.com>.
5. Centers for Disease Control News Release, "Teen Sex Down New Study Shows", maio de 1997; <www.cdc, gov/od/oc/media/pressrel/teensex.htm:>.
6. Ibid.
7. National Center for Health Statistics Press Release, "Teen Sex Down New Study Shows", 1 de maio de 1997; <www.hhs.gov/news/press/1997pres/97050Lhtml>.
8. "The NakedTruth", *Newsweek* (8 de maio de 2000): 58.
9. Laurie Goodstein e Marjorie Connelly, "Teen-Age Poll Finds Support for Tradition", *New York Times,* 30 de abril de 1998.
10. Kaiser Family Foundation e *YM* magazine, "National Survey of Teens: Teens Talk about Dating, Intimacy, and Their Sexual Experiences", *YM* magazine (Maio de 1998): 5.
11. International Communications Research, "The Cautious Generation? Teens Tell Us about Sex, Virginity, and 'The Talk'" (um resumo dos resultados de duas pesquisas de abrangência nacional com adolescentes, realizada pela National Campaign to Prevent Teen Pregnancy, International Communications Research, 27 de abril de 2000), 5.
12. P. Beauman e H. Bruckner, "Power in Numbers: Peer Effects on Adolescent Girls' Sexual Debut and Pregnancy" (Washington, D.C.: The National Campaign to Prevent Teen Pregnancy, 1999).

Capítulo 2: Os Jovens e Adolescentes e o Sexo antes do Casamento

1. Kaiser Family Foundation, *Sexually Transmitted Diseases in America: How Many Cases and at What Cost?* (Menlo Park, Calif.: Kaiser Family Foundation, 1998); <www.kff.org/content/archive/1445/std_rel.pdf>
2. The Institute of Medicine, *The Hidden Epidemic-Confronting Sexually Transmitted Disease,* ed. Thomas R. Eng e William T. Butler (Washington, D.C.: National Academy Press, 1997): 33
3. The Medical Institute, "National Guidelines for Sexuality and Character Education" (Austin, Tex.: The Medical institute, 1996): 5.

4. The Institute of Medicine, *Hidden Epidemic,* 39.
5. Joe S. McIlhaney Jr., M.D., *Sex: What You Don't Know Can Kill You* (Grand Rapids: Baker, 1997), 20.
6. D. Rusk et al,, "Analysis of Invasive Squamous Cell Carcinoma of the Vulva and Vulvar Intraepithelial Neoplasia for the Presence of Human Papilloma Virus DNA", *American Journal of Obstetrics and Gynecology* 77 (1991):918
7. House Committee on Commerce, Ronald O. Valdiserri, M.D., falando ao Subcommittee on Health and Environment on cervical cancer, *Congressional Record* (16 de março de 1999), 18-22.
8. The Institute of Medicine, *Hidden Epidemic,* 10.
9. T. S. Quinn, Review of *The Hidden Epidemic: Confronting Sexually Transmitted Diseases,* The Institute of Medicine, ed. Thomas R. Eng e William T. Butler, 1997, *New England Journal of Medicine* 337, n. 16 (16 de outubro de 1997); 1177-78.
10. Thomas E. Elkins, M.D., "Infectious Aspects of Contraceptive Practices" (estudo, University of Michigan Medical Center, 1992), 10.
11. The Institute of Medicine, *Hidden Epidemic,* 10.
12. The Medical Institute, "Sexuality and Character Education", 5.
13. McIlhaney, *What You Don't Know,* 79.
14. Maggie Gallagher, "Elegy for Father's Day", *Investment Business Daily,* 14 de junho de 1996, p. 6.
15. R. A. Maynard, ed., *Kids Having Kids: A Robin Hood Foundation Special Report on the Costs of Adolescent Childhearing* (Nova York: Robin Hood Foundation. 1996): 1-2.
16. Joshua Mann, M.D., Joe S. McIlhaney Jr., M.D., e Curtis C. Stine, M.D, *Building Healthy Futures: Tools for Helping Adolescents Avoid or Delay the Onset of Sexual Activity.* (Austin, Tex.: The Medical Institute, 2000): 19.

Capítulo 3: O Alto Custo do Sexo antes do Casamento

1. Joshua Mann, M.D., Joe S. McIlhaney Jr., M.D., e Curtis C. Stone, M.D., *Building Healthy Futures: Tools for Helping Adolescents Avoid or Delay the Onset of Sexual Activity* (Austin, Tex.: The Medical Institute, 2000): 4,
2. The Medical Institute, "Abstinence and 'Safer Sex' Sexuality Education: A Comparison" (Austin, Tex.: The Medical institute, 1999): 20.
3. Lynn Smith, "What's the Matter with Kids Today? Their Parents", *Los Angeles Times,* 19 de maio de 1996, seção E, p.3.
4. Diane Duston, "Sons of Teen Moms 3 Times More Likely to Wind Up in Jail", *South Coast Today,* 13 de junho de 1996; <www.s-t.com/daily/06-96/06-14-96/a02wn018.htm>.
5. R. A. Maynard, ed., *Kids Having Kids: A Robin Hood Foundation Special Report on the Costs of Adolescent Childbearing* (Nova York: Robin Hood Foundation, 1996), 7-11.
6. Duston, "Sons of Teen Moms".
7. Maynard, *Kids Having Kids,* 7-11, 14.
8. Susan Richardson, "An Overlooked Weapon in the Battle of Teen Pregnancy: Self-Esteem", *Austin American-Statesman,* 5 de março de 1998.

Capítulo 4: Crianças em Corpos de Adultos

1. Suzanne Fields, "Condom nation", *The Washington Times: National Weekly Edition,* 27 de abril de 1997.

2. Josh McDowell, *Why Wait: What You Need to Know about the 'Teen Sexuality Crisis* (Nashville, Tenn.: Thomas Nelson, 1987), 79.
3. Kaiser Family Foundation e *YM* magazine, "National Survey of Teens: Teens Talk about Dating, Intimacy, and Their Sexual Experiences", *YM* magazine (Maio de 1998): 5
4. Andrea E. Bonny, M.D. e Frank M. Biro, M.D., "Recognizing and Treating STDs in Adolescent Girls", *Contemporary Pediatrics* (Março de 1998): 139.
5. Anne Pandolf, "Teen Sex from Drug Use: Odds Are Greater If Teenagers Use Alcohol, Drugs", *ABC News,* 7 de dezembro de 1999; <abcnews.go.com/sections/living/Daily News/teensex991207.html>.
6. J. Thomas Fitch, M.D., "How Effective Arc Condoms in Preventing Pregnancy and STDs in Adolescents?" (Austin, Tex.: The Medical Institute, julho de 1997): 2-4.
7. Tom Luster e Stephen A. Small, "Sexual Abuse History and Number of Sex Partners among Female Adolescents", *Family Planning Perspectives* 29 (1997): 204-11.

Capítulo 5: Crescer em um Mundo onde o Errado É Certo

1. Anita Manning, "Teen Girls No Longer Enjoy an Age of Innocence", *USA Todav,* 6 de outubro de 1997, seção D, p. 4.
2. Haddon Robinson, ed., "CT Classic: Sex, Marriage and Divorce", *Christianity Today* (14 de dezembro de 1992).

Capítulo 6: A Influência dos Meios de Comunicação

1. Alice Fryling, "Why Wait for Sex?" *InterVarsiiy Christian Fellowship of the USA Student Leadership Journal* (spring 1995): 1.
2. Abbylin Sellers, *The Sexual Abstinence Message Causes Positive Changes in Adolescent Behavior: A Circumstantial Review of Relevant Studies* (Santa Barbara, Calif: Westmont College, 1998), 1-3.
3. G. Gerbner, *Women and Minorities: A Study in Casting and Fate* (relatório para o Screen Actors Guild e a American Federation of Radio and Television Artists, Junho de 1993), 3.
4. M. Morgan, "Television and School Performance", em *Adolescent Medicine: Adolescents and the Media* (Filadélfia: Hanley & Belfus, 1993). 607-22.
5. J. D. Klein et al., "Adolescents' Risky Behavior and Mass Media Use", *Pediatrics* 92, n. 1 (1993):24-31.
6. Bradley S, Greenberg et al., "Sex Content on Soaps and Prime-Time Television Series Most Viewed by Adolescents", em *Media, Sex and the Adolescent,* ed. Bradley S. Greenberg, Jane D. Brown, e Nancy L. Buerkel-Rothfuss (Cresskill, N J.: Hampton, 1993), 29-44.
7. Bradley S. Greenberg e R. Linsangan, "Gender Differences in Adolescents' Media Use, Exposure to Sexual Content and Parental Mediation", em *Media, Sex and the Adolescent,* ed. Greenberg, Brown, e Buerkel-Rothfuss, 134-44,
8. A. Soderman, Bradley S. Greenberg, e R. Linsangan, "Pregnant and Non-Pregnant Adolescents' Television and Movie Experiences", em *Media, Sex and the Adolescent,* ed. Greenberg, Brown, e Buerkel-Rothfuss, 163-73. 9. Kaiser Family Foundation, 'Sex on TV", relatório bianual (Menlo Park, Calif.: Kaiser Family Foundation, janeiro de 2001): 2,

10. Gene Edward Veilh, "Crass Wasteland", *World* (3 de março de 2001): 14.
11. N. L. Buerkel-Rothfuss e J. S. Strouse, "Media Exposure and Perceptions of Sexual Behaviors: the Cultivation Hypothesis Moves to the Bedroom", em *Media, Sex and the Adolescent,* ed. Greenberg, Brown, e Buerkel-Rothfuss, 225-47.
12. Bradley S. Greenberg e R.W. Busselle, *Soap Operas and Sexual Activity* (relatório preparado para Kaiser Family Foundation e apresentado em Soap Summit, 21 de outubro de 1994).
13. Veith, "Crass" Wasteland", 14.

Capítulo 7: Uma "Fome de Amor" no Lar

1. Laurence Steinberg, "Failure Outside the Classroom", *The Wall Street Journal,* 11 de julho de 1996, p. 10.
2. R. W. Blum e P.M. Rinehart, *Reducing the Risk: Connections That Make a Difference in the Lives of Youth* (Minneapolis, Minn.: University of Minnesota Division of General Pediatrics and Adolescent Health, 1997), 15, 17, 19
3. Ann Landers, "Sorry, Ladies: Cuddling Second in Sex Survey", *Los Angeles Times,* 25 de novembro de 1995.
4. Lisa Collier Cool, "The Dreaded Talk", *Ladies Home Journal* (março de 2001).
5. YMCA of the USA, "Talking with Teens: The YMCA Teen and Parent Survey Final Report", *The YMCA-2000 Strong Family Survey* (Nova York, Global Strategy Group, 2000): 5.
6. Ibid., 1.

Capítulo 8: Os Jovens em Necessidade Recorrem ao Sexo

1. Nancy Gibbs, "How Should We Teach Our Children about Sex?" *Time* (24 de maio de 1993): 63.
2. "The 1994 Churched Youth Survey" (Dallas: Josh McDowell Ministry, 1994): 62.
3. Kaiser Family Foundation e *YM* magazine, "National Survey of Teens: Teens Talk about Dating, Intimacy, and Their Sexual Experiences", *YM* magazine (Maio de 1998): 5.
4. Liana R. Clark, M.D., "Teen Sex Blues", *The Journal of the American Medical Association* 273, n. 24 (18 de junho de 1995): 1969-70.

Capítulo 9: Todo Mundo Está Fazendo, então por que Deveríamos Esperar?

1. Ann Landers, "Study Finds Girls Regret Having Sex", *Austin American-Statesman,* 20 de outubro de 1996, seção E, p. 2.
2. Jacqueline F. de Gaston, Larry Jensen, e Stan Weed, "A Closer Look at Adolescent Sexual Activity", *Journal of Youth and Adolescence* 24, n. 4 (1995): 465.

Capítulo 11: As Razões Físicas para Esperar

1. Heather Parish, "Better U.S. Teens Abstain Than Opt for European Way", *Houston Chronicle,* 16 de fevereiro de 1999.
2. Agneta Andersson-Eilstrom, Lars Forssman, e Jan Milsom, "The Relationship between Knowledge about Sexually Transmitted Diseases and Actual Sexual Behavior in a Group of Teenage Girls", *Genitourinary Medicine* 72 (1996): 32-36.
3. Joe S. McIlhaney Jr., M.D., *Sex: What You Don't Know Can Kill You* (Grand Rapids: Baker, 1997), 22.
4. Lawrence K. Altman, "3 Million HIV Infections Added Worldwide in '96", *Denver Post,* 28 de novembro de 1996, seção A, p. 24.

5. "Around the U. S.", *Dallas Morning News,* 2 de dezembro de 1994, seção A, p. 10.
6. *Seventeen* (May 1990): 149-51.
7. Robin DeRosa", HIV Study", *USA 'Today,* 9 de fevereiro de 1998, seção B, p. 8.
8. "Arm Yourself against AIDS", MSNBC, 29 de junho de 2000; <http:/msnbc,com/ modules/quizzes/loadquiz.htm>.
9. "HIV Prevention Act of 1997", *Washington Watch Policy Update.*
10. Office of National AIDS Policy, "Youth and HIV/AIDS: An American Agenda", março de1996; <www.niaid. nih.gov/publications/dateline/full/0996.htm>.
11. Sexuality Information and Education Council of the U.S., "Fact Sheet: Sexually Transmitted Diseases in the United States", *Siccus Report* 25, n. 3 (1997).
12. The Medical Institute, "Chlamydia Trachomatis: The Most Common Bacterial Sexually Transmitted Disease in the United States", *Sexual Health Update Newsletter* 3, n. 3 (outono de 1995).
13. Andrea E. Bonney, M.D., e Frank M. Biro, M,D., "Recognizing and Treating STDs in Adolescent Girls", *Contemporary Pediatrics* (março de 1998): 126.
14. L. Westrom, "Incidence, Prevalence, and Trends of Acute Pelvic Inflammatory Disease and Its Consequences in Industrialized Countries" *American Journal of Obstetrics and Gynecology* 138: 880-92.
15. A. E. Washington e P. Katz, "Cost of and Payment Source for Pelvic Inflammatory *Disease" Journal of the American Medical Association* 266, n. 18 (1991): 2565-9.
16. Ibid.
17. Sexuality Information and Education Council, "Fact Sheet".
18. Ibid.
19. Bonny e Biro, "Recognizing and Treating STDs", 119, 123, 131.
20. John R. Diggs Jr., M.D., *Gonorrhea* (Sioux Falls, S. Dak.: Abstinence Clearing House, 2000), 1
21. W. E. Lafferty et al., "Herpes Simplex Virus Type I As a Cause of Genital Herpes: Impact on Surveillance and Prevention" *Journal of Infectious Diseases* 181 (Abril de 2000): 1454-57.
22. John R, Diggs Jr., M.D. *Herpes Simplex* (Sioux Falls, S. Dak.: Abstinence Clearinghouse, 2000), 1.
23. Division of Health, Wisconsin Department of Health and Social Services, "Women and VD", 1994.
24. National Institutes of Health Consensus Development Program, "Cervical Cancer", *Consensus Development Statements* 14, n. 1 (1 a 3 de abril de 1996): <odp.od.nih.gov/consensus/cons/102/102. intro.htm>.
25. R. Whitley et al., "A Controlled Trial Comparing Vidarabine with Acyclovir in Neonatal Herpes Simplex Virus Infection: Infectious Diseases Collaborative Antiviral Study Group", *New England Journal of Medicine* 324 (1991): 444-49.
26. National Institutes of Health, "Cervical Cancer".
27. Abstinence Clearinghouse, *Abstinence Clearinghouse Fact Sheet on Human Papilloma Virus.*
28. William Archer III, M.D., *Sexual Health Update Newsletter* 7, n. 3 (outono de 1999).
29. House, Ronald O. Valdiserri, M.D., falando diante do Committee on Commerce to the Subcommittee on Health and Environment on Cervical Cancer (16 de março de 1999), 3-5.
30. John Diggs, "A Perspective on the Medical Implications of Virginity Pledge among Teens", *The Physicians Consortium* (5 de janeiro de 2001).

31. Centers for Disease Control, “Ten Leading Nationally Notifiable Diseases-U.S., 1995”, *Morbidity and Mortality Weekly Report* 45 (1996): 883-84.
32. House, Valdiserri, 24.
33. V. P. Smetnik e L. G. Tumilovitch, *Nonsurgical Gynecology* (St. Petersburg: Sotis Publishing, 1995).
34. McIlhaney, *What You Don't Know*, 54-55.
35. Ibid.
36. Smetnik e Tumilovitch, *Non-Surgical Gynecology.*
37. J. M. Walboomers el al., “Human Papillomavirus Is a Necessary Cause of Invasive Cervical Cancer Worldwide”, *Journal of Pathology* 189 (1999): 12-19, citação em *Sexual Health Update Newsletter* 8, n. 1 (primavera de 2000): 1-2.

Capítulo 13: Razões para Esperar por Causa dos Relacionamentos

1. Karen S. Peterson, “At 20, a Soul Mate is a Cool Concept”, *USA Today*, 13 de junho de 2001, seção A, p. 1.
2. Elizabeth Thomson e Ugo Colella, “Cohabitation and Marital Stability: Quality or Commitment?” *Journal of Marriage and the Family* 54 (1992): 259-67.
3. Joshua Mann, M.D., Joe S. McIlhaney Jr., M.D., e Curtis C. Stine, M.D., *Building Healthy Futures: Tools for Helping Adolescents Avoid or Delay the Onset of Sexual Activity* (Austin, Tex.: The Medical Institute, 2000), 18-19.

Capítulo 14: As Razões Espirituais para Esperar

1. Publicado originalmente na obra de Josh McDowell, *Givers, Takers, and Other Kinds of Lovers* (Wheaton, Ill: Tyndale, 1981): 19-21.

Capítulo 15: Por que o “Sexo Seguro” não É Seguro

1. Amy Stephens, “The Kaiser Report: Truth or Dare?” 23 de outubro de 2000: <www.family.org/cforum/ editorials/a0015083.html>.
2. Joe S. McIlhaney Jr., M.D., *Sex: What You Don't Know Can Kill You* (Grand Rapids: Baker, 1997), 63-64.
3. John R. Diggs Jr., M.D., carta a autor, 26 de janeiro de 2001.
4. Alan Mozes, “Do Condoms and Seat Belts Promote Risk Taking?” Excite News, 28 de janeiro de 2000; <news.excite.eom/news/r/000128/18/heahh-psc>.
5. John D. Hartigan, “The Disastrous Results of Condom Distribution Programs”, *Family Research Council* (29 de março de 2001).
6. Heather Parish, “The Whole Story on Sex”, Family Research Council: Press Room, 29 de março de 2001.
7. Joshua Mann, M.D., Joe S. McIlhaney Jr., M.D., e Curtis S. Stine, M.D., *Building Healthy Futures: Tools for Helping Adolescents Avoid or Delay the Onset of Sexual Activity* (Austin, Tex.; The Medical Institute, 2000), 17.
8. Editorial, “Short Takes: Advertising Abstinence”, *The Atlanta Journal and Constitution*, 22 February 1997, seção A, p. 12.
9. SIECUS e Roper Starch Organization, “Teens Talk about Sex: Adolescent Sexuality in the ‘90s” (SIECUS e Roper Starch Organization, 11 de abril de 1995): 25.
10. Dale Stone, carta endereçada ao autor.

Capítulo 16: O Desenvolvimento de uma Relação de Amor e Cuidado com seus Filhos

1. Melissa Grace, "Teen Pregnancies Raising Crime Costs", *Santa Barbara (Calif.) News-Press,* 22 de junho de 1996.
2. Ibid.
3. Este trecho foi adaptado da obra de Josh McDowell, *How To Help Your Child Say No to Sexual Pressure* (Waco, Tex.: Word, 1987), 45-54.

Capítulo 17: Encoraje um Relacionamento Profundo com Cristo

1. Anteriormente publicado na obra de Josh McDowell, *Why Wait: What You Need to Know about the Teen Sexuality Crisis* (Nashville, Term.: Thomas Nelson, 1987), 404-09.

Capítulo 18: Ensinar Valores Sexuais no Lar

1. Donna Rice Hughes, "For Parents Only", Kids Online, 2000; <www.protectkids.com/fc/4parentsonly.htm>.

Capítulo 19: Ajude os Filhos a Desenvolverem a Capacidade de Dizer "Não"

1. R. W. Blum e P. M. Rinchart, *Reducing the Risk: Connections that Make a Difference in the Lives of Youth* (Minneapolis, Minn.: University of Minnesota Division of General Pediatrics and Adolescent Health, 1997), 30.

Capítulo 20: Ajude os Jovens a Estabelecerem Limites para o Namoro

1. Adaptado da obra de Josh McDowell, *How to Help Your Child Say No to Sexual Pressure* (Waco, Tex,: Word, 1987), 112-23.
2. Kaiser Family Foundation e *YM* magazine, "National Survey of Teens: Teens Talk about Dating, Intimacy, and Their Sexual Experiences", *YM* magazine (Maio de 1998): 5.